LA VIE ADMIRABLE

DV GLORIEVX

S. PHALIER,

NATIF DE LIMOGES

en Aquitaine, & Patron de Chabrys en Berry, où il a laissé son
Corps & ses Reliques tres fecon-
des en toutes sortes de miracles.

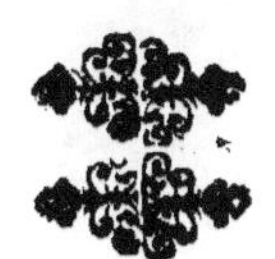

Ensemble vne deuotieuse Practique
pour l'imitation de ses vertus
toutes Chrestiennes &
celestes.

Par F. BRVNEAV, Prestre.

A PARIS,

De l'Imprimerie de MICHEL BLAGEART,
en la ruë de la Calendre, à la Fleur
de Lys, pres le Palais, 1643.

AVEC PRIVILEGE DV ROY.

AVX TRES-VENE-rables & tres-verrueuses Dames, Abbesse & Religieuses de la Royalle Abbaye de Faremonstier en Brie.

Si vn estranger Payen infidele est loüé par nostre Seigneur Iesus Christ pour auoir recogneu le bien fait de la guerison de sa lepre, & vn Apostre blasmé & puny pour auoir si tost oublié tant de bien faits qu'il auoit receu du mesme Seigneur, & passé iusqu'à telle mécognoissance que de recompenser tant de nourriture par vne infame trahison· Si la nature & la pieté nous apprennent à cherir les lieux où nostre ame a esté purgee par les eaux baptismales, & si les bien-heureux sortis de nos

fouyers, conferuez fur nos propres Autels,
refpectez dans nos propres enceintes natales,
font caufe plus que fuffifante pour efmouuoir
nos cœurs à quelque chofe d'extraordinaire,
i'ay grandiſsime raifon de chercher les moyẽs
par toute forte d'occafions, & de recognoiſtre
le bien-fait, que depuis dix-huict ans, & plus,
ie reçois de vos liberalitez, pour ne tomber
dans le vice infame d'ingratitude, & de re-
paſſer fouuent par ma memoire le bien figna-
lé de l'eſtre, naturel & fpirituel, que Chabrys m'a donné, où Dieu par fa prouidence
eternelle auoit deſtiné ma naiſſance, & de
celebrer le mieux qu'il me feroit poſſible les
merueilles admirables du plus grand feruiteur
de Dieu, que mon pays ait produit, & du plus
humble & aymé des hommes, dont le Berry
& la France ait iamais entendu parler. Ces
raifons, MES-DAMES, & quelques-au-
tres m'ont fait refoudre de faire feruir le reſte
des employs que ie dois à voſtre pieté, à vn
trauail fortable à la grandeur de voſtre fain-
cteté, & à la recognoiſſance que la nature
m'a imprimé pour celuy, qui eſtant de mes
anceſtres & anciens compatriotes, eſt maintenant glorieux dans les Cieux, & veneré par
quantité d'Eglifes dédiees fousfon nom, &
toutesfois aſſez peu cogneu des fideles, qui

deuroient n'ignorer pas tant de belles parties
dont le Ciel l'a fauorisé.

Les bons & grãds esprits ont tousiours quelque astre plus fort dominant, (disent les As-
trologues,) qui ne forçát iamais les volontez,
les fait toutesfois insensiblement pancher
vers la vertu & la pieté, leur donne des
propensions au bien, & les encline au train
de la deuotion. Monsieur le Mareschal de la
Chastre Gouuerneur pour le Roy de tout le
Berry, & Madame sa fidelle compagne, vos
tres-honorez progeniteurs, Madame, comme
les ames les mieux faites auoient aussi receu
de Dieu cette particuliere cognoissance, qui
les faisoit resoudre chasque annee d'aller rendre à Chabrys leurs vœux, & presenter leurs
seruices à Sainct Phalier, duquel nous des-
criuons la vie, & par sa puissante intercession receuoient les secours & les consolations,
qu'vn chacun mesme peu versé dans nos
Histoires peut sçauoir, ayans esté aymez des
Roys, & fauorisez des plus eminentes charges de la Couronne, & aduoüez si fideles, que
les Prouinces & les armees n'ont point veu
de Chef, General & Gouuerneur si asseuré
dans les tempestes, si resolu dans les hazards,
si heureux dans les employs, si glorieux dans
les victoires. Toute la France tesmoigne ce-

cy. Les Villes, les Chasteaux qui se sont
veus battre, & les peuples qui l'ont apperceu
comme vn Soleil esclairer en disent bien dauantage, & toutesfois recognoissans que les
victoires, les richesses & la noblesse n'ont
point d'autre origine que la pieté, ils sçauoiët
fort bien rapporter ces bon heurs à Dieu par
l'entremise de son grand S. Phalier, tous les
ans honorer ses cendres, & entreprendre les
voyages de Saincteté aux pieds de son Autel, le venant pour le Phare & le conserua-
teur de leur maison & de leur grandeur.
Cecy, MADAME, m'a donné courage
d'entreprendre ce que ce grand Sainct m'a
fait achuer, considerant comme le principal
de mes desseins, la gloire de Dieu, & l'honneur de ses plus fidelles seruiteurs, & puis
pour donner des tesmoignages des obligations
que i'ay à vostre maison & à vostre charité,
mais parce que Dieu par sa bonté infinie
vous a fortement inspiré l'esprit de commu-
nauté, que vous auez si sainctement in-
troduite dans vostre saincte maison de Faremonstier, i'ay iugé que ce present ne vous
pourroit iamais estre plus agreable, que lors
que ie vous le consacrerois, & à toute vos
sainctes Filles, que vous cherissez comme
vous mesme.

EPISTRE.

Receuez dõc, MES-DAMES, ce trauail,
non seulement indigne de la gloire d'vn
Sainct si celebre, mais encor moins digne le
beaucoup de vos affections en mon end it, &
de la grandeur de vos esprits. C'est sous vos
auspices qu'il marchera hardiment dans la
main des peuples, pour l'edification desquels
il a esté composé. Vostre charité le deffendra
des ennieux & maluueillans, si tant est qu'il
se trouuast quelque critique. Enfin vostre
pieté secondera mes desseins, & rendra l'honneur à ce meruueilleux amy de Dieu, comme ie
desire à iamais vous rendre mes seruices, &
tesmoigner à toute la posterité, que vous
auez eu dans vostre maison

Vn tres-humble & tres-
obeïssant seruiteur,
F. BRVNEAV, Prestre
indigne.

*Amy Lecteur, lisez ie vous prie cet
Auant-propos, & ie m'asseure que
vous approuuerez mon dessein, &
pardonnerez à mes defauts.*

E n'est pas ma condition, ny
aussi mon desir de perdre
beaucoup de temps aux nou-
uelles du monde, mais si
peu que i'y laisse eschapper
mon esprit, ie trouue qu'il y a de grandes
differences entre les pensees de Dieu &
des hommes. Que leurs maximes sont *Isa. ss.*
bien côtraires, leurs voyes fort opposees, *c. 8. 9.*
& pour dire en vn mot, que les affaires
des Estats des Princes de la terre ne mar-
chent point par les ressorts de la police du
Ciel. Aussi est-il vray que si c'est vn cri-
me d'éuanter les pensees des Roys, c'est
vne action d'honneur de descouurir les
desseins & les œuures du Tout-puissant. *Tob. 12.*
Les conseils de l'Estat ne peuuent estre te- *b. 7.*
nus trop secrets, parce que les ennemis
s en pourroient seruir à la ruyne du Royaume, mais on ne peut jamais assez vanter

les voyes que Dieu tient en sa prouidence,
d'autant que les succez sont tousiours à la
gloire. Comme les amis des hommes
sont bien souuent trompeurs ou variables,
ils n'osent se confier qu'à peu de gens,
mais les Arrests de Dieu sont si vrais, si sa-
ges & si constans, qu'ils n'ont pas de hóte
ny de peur d'estre publiez par tout l'vniuers. Enfin autant que l'imperfection, qui
deshonnore nos sentimens, refuit la lu-
miere, autant la beauté des actiõs de Dieu
cherche le iour, & la publication n'en peut
estre qu'honorable pour luy, & tres-vtile
pour nous. C'est de ces effects dont les
pierres parleroient, & les marbres les plus
durs chanteroient les grandeurs, si par vn
silence criminel les hommes venoient à
s'en taire pour les cacher au monde, & n'y
a personne qui ose former de doute contre
ces veritez, qui sont de la bouche d'vn
Ange, & du Seigneur de tous les Anges.
Or qui sont les œuures de Dieu par excellence sinon les Saincts, dans lesquels,
dit le Prophete, Dieu se monstre tousiours
admirable? Sont-ils pas les mutations de
sa dextre? les coups de sa sagesse? les essais
de ses faueurs? les enfans de sa bonté? les
termes de sa toute puissance? & les sujets

Tob. 12.
b. 7.

Ps. 67.
d. 36.

Ps. 76.
b. 11.

où il opere ſes merueilles auec vne main
plus ouuerte, & vn bras plus eſtendu? Sont
ces Soleils qui roulent ſur la terre plus ad-
mirablement que celuy qui court entre les
aſtres. Celuy-cy ne fait que diſſiper les
ombres de la nuict, & ceux-là donnent le
iour & la chaleur aux eſprits des hommes.
Soleils appellez du Sage les vaiſſeaux ad- *Eccli. 43*
mirables & chefs d'œuure du Tres-haut. *a. 1.*
Sont ces miracles de grace, que le monde
regarde de bien loin auec eſtonnement, à
la veuë deſquels la nature baiſe la main par
honneur, ſçachant qu'elle n'a rien donné
à la ſanctification de leurs ames, dont la *Ioan. 1.*
bonté & la beauté ne vient pas de la chair *b.13.*
ny des hommes, mais de Dieu ſeul, qui leur
donne naiſſance. Sont ces vaiſſeaux de *Rom. 9.*
miſericorde, que publie S. Paul. Ces tem- *c. 23.*
ples viuans: ces ſanctuaires du S. Eſprit:
ces demeures de Dieu entre les hommes:
ces logemens ſacrez, deſquels on deuroit
ſans ceſſe conſiderer les excellences, &
preſcher les loüanges à la gloire de leur
Autheur, ſçachant bien que la manifeſta-
tion des merites des Saincts, qui ſont les
œures de Dieu, eſt vne action digne
d'honneur, comme le ſilence en ce poinct
a marque d'indeuotion.

ē ij

Mais ſi les Sainⴶs ſont les œuures de Dieu, dignes d'eſtre publiez entre les hómes, ie puis dire que la grandeur de ſainⴶ Phalier Patron du lieu de ma naiſſance, plus enſeuely maintenant dans l'oubly des hommes que dans la terre, merite vne recommandation ſinguliere. Et ie confeſſe que c'eſt particulierement la deuotion de cette ame incomparable, qui me touche ſenſiblement le cœur, & m'excite à retirer ſa vie des tenebres, pour la donner publiquement au iour. Auſſi n'eſt il pas ſeant que ceux que les Anges reuerent, ſoient icy meſconnus des hommes, c'eſt pourquoy entre tant de miracles de graces, & de ſainⴶes ames qui ont receu la vie, ou l'ont renduë dans le pays du Berry, ou qui du moins par la preſence de leurs reliques, ſe rendent les aduocats & protecteurs de tous les lieux de cette floriſſante Prouince abondante en corps Sainⴶs, i'entreprens de reſuſciter la memoire de Sainⴶ Phalier au monde, & faire reuiure ſon amour dans le cœur de Chabrys, où il a laiſſé ſon eſprit & ſes cendres.

Ne vous eſtonnez pas, 'amy Lecteur, de la ſimplicité de mon diſcours, chacun eſcrit de la façon qu'il vit, dit Seneque. La

parole des hommes s'accommode à leurs
mœurs, & la mode à son cours dans le style
du temps, ainsi que dans la vie du monde.
C'est pourquoy les termes de mon discours doiuét suiure la simplicité de ma vie
& de mon humeur. S'il n'y a point de richesses en mes escrits, il y en a moins encore en mes biens. Si vous n'y trouuez
par tout que de la rudesse, ie suis aussi vn
homme sans polissure. Et puis ie desire
que ceux qui n'ont pas appris la Rheto-
rique, entendent mon discours, & veux
seruir iusqu'aux plus pauures des fideles.
L'on n'escrit que trop pour les grands &
les hommes de Cour, l'on trouue encore
assez de liures curieux pour les sçauans, &
on donne tous les iours plus de preceptes
moraux dans les villes, qu'on ne tire pas
de fruict, mais on voit fort peu de liures,
dont les discours soient conuenables aux
gens de la campagne, de qui les ames cependant sont autát precieuses deuát Dieu,
que celles des Roys, des grands & des
doctes du monde.

C'est pourquoy i'ay accommodé cet œuure à la portee de leurs esprits, & ie l'ay
destiné librement au salut particulier des
habitans de Chabrys, lieu de la protection

de Sainct Phalier, comme il est aussi celuy de ma naissance. Tout ce que ie pretend n'est que la gloire de Dieu & le salut
des ames. Ie ne crois pas que personne
s'oppose à ce dessein, ny que la manife-
station des merites de ce Sainct, ou la dé-
couuerte de ses reliques ne soit fauorable,
estant celle d'vn grand thresor pour tous
les enfans de l'Eglise, mais plustost que
les ames fidelles en feront estat, rencon-
trans à la fin des practiques Chrestiennes,
pour deuenir des Sainct Phalier, & i'espere
que le Sainct me sçaura bon gré d'auoir
donné au monde des faciles moyens d'i-
miter ses vertus, qui est le profit veritable
qu'on doit tirer de cette lecture, & de la
vie des Saincts. Ainsi soit-il.

APPROBATION.

Nous Docteurs Regens en la sacrée Faculté de Theologie à Paris, apres auoir leu & bien examiné cette Histoire de la vie de Sainct Phalier, & la Practique deuotieuse sur icelle, composée par Maistre François Bruneau Prestre, Chappelain de Madame l'Abbesse de Faremonstier, & Confesseur des Religieuses de ladite Abbaye, certifions n'y auoir rien remarqué que de loüable, & conforme aux enseignemens de l'Eglise Catholique, Apostolique & Romaine : & à la conduite admirable de nostre Dieu sur ses Saincts ; En laquelle il fait recognoistre, quand il luy plaist, les traicts de sa toute-puissance extraordinaire & innestigable, afin qu'en admirant & adorant ses ordres & inactions en ses Saincts, nous par de semblables prattiques de leurs vertus, allions & croissions en ses sainctes graces iusq'au iour parfaict.

G. FORGER.   N. PORCHER.

26. May 1642.

LA VIE
DE S. PHALIER,
PRESTRE ET
CONFESSEVR.

De son extraction, bonne nourriture & in-struction, & du progrez qu'il fit à la vertu, & és bonnes œuures.

CHAPITRE PREMIER.

AINCT PHALIER, que les Latins appellent *Phaletrus*, ou *Phalerius*, nasquit au païs d'Aquitaine, en la ville de Limoges, d'vne lignée tres-chrestienne & catholiques, & des plus nobles & riches de la Prouince, ses pere & mere le recognoissans fort obeissant, enclin dés son enfance au seruice de Dieu, & capable d'apprendre, & auoir la cognoissance des mysteres de la foy, & de toutes bonnes œuures qui conduisent au chemin du Ciel, n'ont rien oublié ny es-

Nous ne sommes pas certains du temps de ce Sainct, vous en verrez neant.

A

moins
quelque
chofe au
chapitre
39.

pargné de tout ce qui eſtoit conuenable pour
ſe perfectionner en la continuation d'vne
ſaincte vie qu'il traçoit par les doux lineamens de ſon recommandable procedé , &
pour ce faire ont recherché les plus doctes &
vertueux du pays, pour luy donner toute ſorte de bons & ſalutaires enſeignemens, prenans vn ſingulier plaiſir & contentement aux
loüables comportemens de ce ieune enfant,
& principalement au faict de la deuotion &
pieté enuers Dieu , qui eſtoit telle, que pour
y vacquer plus ſainctement , il ſe retiroit de
la compagnie de ceux de ſon aage , & ſe ſe-
uroit de tous les plaiſirs des enfans du ſiecle,
arreſtant tous les efforts & effets de la viua-
cité de ſon eſprit à la contemplation des choſes celeſtes & diuines où il paſſoit la fleur
de ſon adoleſcence, en telle ſorte , que dans
cet aage , qui pouſſe & incite grandement à
mal faire , au moyen des eſguillons de la
chair , il embraſſa la vertu de chaſteté auec
telle force & conſtance , qu'il chaſſa de ſon
cœur toute ſorte de ſenſualité & delecta-
tion charnelle, au moyen de quoy il ſe rendit admirable, & ſa vie fut remarquée comme vn vray miroir de toute pureté & innocence, qui prenoit les habitudes d'vne vraye
ſain&teté, tant en ſes penſées, qu'en ſes paroles , actions & conuerſations , & par ainſi
eſtoit recogneu pour l'vn des plus meurs eſprits , plus religieux , & amateur du bien qui
fut de ſon temps.

Comme S. Phalier fut consacré à Dieu, &
promeu aux ordres sacrez.

CHAP. II.

CEs signes d'vne vie admirable en saincteté, toute celeste & diuine, dont sainct
Phalier estoit doüé, disposerent ses parens à
le dedier entierement au seruice de Dieu, &
le faire mettre au rang de Clericature, &
pource le firent instruire és sciences à ce requises, desquelles en peu de temps il eut vne
parfaite cognoissance, quoy que pendant le
cours de ses estudes on le voyoit plus occupé
à la deuotion qu'à ses leçons, voire il estoit
tellement adonné à la priere & à la contemplation des choses diuines, qu'en tous ses
exercices il portoit incessamment ses sainctes
pensées dedans le Ciel, où il aspiroit continuellement.

Il fuyoit sur tout la conuersation des mon-
dains, & se trouuant quelquesfois engagé de
prendre quelque diuertissement auec ses
compagnons, il y paroissoit comme vn es-
clair, s'abstenoit de tout exceds & pertes de
temps qui s'y pratiquent d'ordinaire, & se
desroboit subtilement aussi tost qu'il apper-
ceuoit la moindre dissolution, ou bien tas-
choit de l'empescher s'il pouuoit, si bien que
la sincerité de son ame estoit telle, qu'il se
vouloit entierement donner à Dieu sans au-

cune referue, & referoit toutes fes penfées, paroles & actions à fa plus grande gloire, l'ayant toufiours prefent deuant fes yeux & en fon cœur, & ainfi perfeueroit conftamment en fes pieux exercices de vertu, qui tefmoignoient fans ceffe à fes parens, que fon ame ne refpiroit qu'à fe dedier du tout au feruice de Dieu, c'eft pourquoy auffi ils ne voulurent point differer le voyant en aage, ains defcouurirent auffi toft leurs volontez au venerable Euefque Cuthbert, homme grandement renommé à caufe de fa vertu & faincte vie, pour refoudre auec luy ce qui eftoit à propos de faire, lequel cognoiffant la bonté & capacité du ieune homme, trouua bon de le faire aduancer aux faincts Ordres, & luy confera iufques à l'Ordre de Diacre, qu'il receut en tres grande humilité & ardeur de deuotion, mais auec telle allegreffe, qu'il tefmoigna bien le contentement qu'il auoit de fe voir ainfi lié eftroictement pour toute fa vie au feruice de fon Dieu.

Il y a apparence que cet Euefque icy n'eftoit pas Euefque diocefin, ains quelque autre, qui par permiffion donna les ordres à fainct Phalier, comme on le peut aifément coniecturer par ces mots d'vn des anciens efcriuains, qui nous ont laiffé par efcrit la vie de ce Sainct : *Deducens ergo eum (id eft Pater fancti Phaletri) ad quendam venerabilem Epifcopum nomine Cuthbertum.* A vn certain Euefque (dit-il) donc ce n'eftoit pas l'Euefque du lieu, ains quelque autre. Mais ie m'eftonne bien du peu

de ſoin qu'ont eu nos anciens Autheurs à bien
deſcrire les circonſtances requiſes, qui faict
qu'on eſt ainſi dans des doutes , & par ce defaut nous ſommes encore priuez de beaucoup d'autres cognoiſſances plus exquiſes,
outre ce que le malheur des temps nous a rauy & emporté.

---

*Des vertus eminentes que ſainct Phalier
pratiqua , ayant receu les ordres ſacrez.*

Chap. III.

CE ſainct ieune homme ſe voyant donc
ainſi aduancé en telle dignité , qui requiert vne grande vigilance & pureté d'ame,
prit reſolution à bon eſcient de matter ſon
corps par ieuſnes, abſtinences, veilles, & toutes autres auſteritez & mortifications, deſ-
niant à la nature vitiee & corrompuë tout ce
qu'elle pouuoit deſirer pour vacquer plus
ſainctement à ce ſainct exercice. Et demeura
ainſi enuiron vne annee en la maiſon de ſes
pere & mere, faiſant les fonctions du miniſte-
re qu'il auoit receu, & paſſoit les iours & les
nuicts en toute ſorte de bonnes œuures de
pieté & d'oraiſon. Et cemme il auoit inceſſamment dans la penſee cette Majeſté infinie, qui eſt partout, & void tout, auſſi eſtoit-il
tellement retenu & moderé, qu'il paſſoit ſa
vie dans vne pure & nette ſobrieté & tempe-
rance en toutes choſes , s'appliquant foraua

recueillement interieur de son ame, auec vne
tres-grande douceur, humilité & modestie,
qui le rendoient grandement aymable à vn
chacun. Il se monstroit doux & paisible à
l'endroit de son prochain, mais comme vaillant Soldat de Iesus-Christ, il estoit tellement fort robuste & courageux à l'encontre
des ennemis de nostre salut, qu'il surmontoit
tous leurs assauts, merueilleusement diligent
& soigneux à veiller sur soy, pour descouurir
les astuces & embusches du malin esprit, &
infiniment prompt, vigilant, & actif à faire le
bien, & fuir le mal.

Par son incomparable sagesse & prudence,
il faisoit toutes choses discretement, & comme bien aduisé qu'il estoit, sçauoit dextre-
ment reprendre le vice, & corriger douce-
ment ceux qui en estoient atteins, gardant
soy mesme vne si grande pureté & integrité
de vie, qu'on ne luy pouuoit rien obiecter;
d'autant qu'il faisoit toutes ses actions simplement pour l'amour & gloire de Dieu, &
pour le bien & salut du prochain, sans aucune
vanité. Sa gloire & son ambition estoit en la
Croix de son Sauueur, & en consideration de
ce qu'il auoit enduré pour son salut, se plai-
soit dans les fatigues, peines & souffrances
pour l'amour d'vn si amoureux obiet, qui
estoit tout son plaisir, son esperance, sa confiance, son lieu d'asile, & le but de son repos,
estant si fort vny par amour auec luy, qu'il
n'auoit point de sentiment qu'en luy & pour
luy, & ainsi mesprisoit tellement les choses

caduques, terreftres & periffables, que tout
ce qui femble au monde riche & precieux,
luy eftoit comme vne chofe vile & abiecte,
n'ayant aucune attache ou affection à rien
qui foit de la terre. Il pratiquoit vne grande
fimplicité en fes habits & en tout ce qu'il
auoit de befoin & neceffité, tellement conforme & refigné au vouloir de Dieu, que rien
ne l'efmouuoit, eftant auffi contant en aduer-
fité qu'en profperité, & modefte en tout téps.

Toutes fes e ftudes, non plus que tout autre exercice, ne tendoient nullement à fe faire paroiftre, ains feulement à fe rendre digne
& cagable de l'ordre de Preftrife, ne cherchant pas à y eftre introduit, mais fimple-
ment à le meriter, non tant par les fciences,
que par toutes les vertus requifes & necef-
faires aux perfonnes de cette condition. En
vn mot, c'eftoit vn homme iufte & craignant
Dieu : & comme vn Moyfe bien aymé de
Dieu & des hômes, qui de iour en iour alloit **Ecclef.45.**
multipliant fes faincts defirs, de forte que **2.f.**
fa faincte vie le faifoit paroiftre parmy les
hommes, côme vn Soleil au milieu des aftres.

De la refolution qu'il prit de quitter fon
pays, pour aller en pelerinage.

Chap. IV.

Ais l'importunité que fainct Phalier
receuoit d'vne foulle de vifites, qui le

troubloient en ſes deuotions , & du grand
honneur que ſes concitoyens , & les peuples
voiſins luy deferoient , le mit en reſolution
de quitter le païs , & faire des voyages en des
contrées fort lointaines, afin de n'eſtre pas cogneu, cranite de tomber en quelque vaine
gloire, & pour eſtre plus libre en ſes oraiſons,
ſon ame eſtant inſpirée & attirée par les doux
attraits du celeſte Eſpoux qui la vouloit conduire en ſolitude pour luy parler au cœur. Par
ainſi comme vn Abraham abandonnant ſon
païs, ſes parens, amis , & toute cognoiſſance,
auec tous les honneurs, dignitez, & biens de
cette vie pour la recherche de ſon Dieu, par
mer & par terre, ſouz la ſouffrance d'vn nombre infiny de peines, trauaux, & difficultez, il
ſe diſpoſa d'aller viſiter les lieux ſainĉts, principalement ceux eſquels noſtre Sauueur Ieſus-Chriſt prit naiſſance, fut nourry, conuer-
ſa, ſouffrit, mourut, & fut enſeuely. Et quand
vint le iour de ſon partement, pour ſe bien
diſpoſer, il ſe leua du grand matin, eſlançant
dedans les Cieux infinies oraiſons. Entr'autres il fit à Dieu cette priere du Prophete
Royal Dauid: *Spiritus tuus bonus, Domine, dedu-*
cat me in terram reĉtam , & notam fac mihi viam,
in qua ambulem , quia ad te leuaui animam meam.
Seigneur mon Dieu, que voſtre ſainĉt Eſprit
me conduiſe au droiĉt ſentier, & faites moy
cognoiſtre la voye en laquelle il vous plaiſt
que ie chemine, puis que i'ay eſleué mon
cœur & mes ſouſpirs vers vous. Lors tenant
ſon baſton de pelerin, & s'armant du ſigne de

la

Oſee 2.
c.14.
Gen.12.
a.1,

Pſal. 142.
c. 8. 10.

la Croix, il partit, laiſſant vn regret indicible
à tous ceux qu'il quittoit, principalement à
ſes bons parens qui l'aymoient ſi tendrement,
& auoient pris vn ſi grand ſoin à le faire aduancer.

---

*Comme il pourſuiuoit ſon voyage, viſitant
les lieux ſainĉts par où il paſſoit.*

CHAP. V.

PAr tout où ce ſainĉt voyageur paſſoit, tra-
uerſant les prouinces, villes & bourgades,
il ne manquoit point d'aller viſiter les Egliſes
& lieux ſainĉts, auec vne tres-grande ardeur
de deuotion, ne recherchant la communica-
tion des mortels, ains celle de Dieu, ny la de-
licateſſe des viandes, ſe contentant pour ſa
nourriture de ce qu'il rencontroit en ſon chemin & dans les champs, comme vinette ſau-
uage, mauues, & ces petits fruicts qui viennent dans les bois, ſur les hayes & ſur les buiſ-
ſons, & autres tombez des arbres, les riuieres,
ruiſſeaux, fontaines, eſtangs & marets, luy
fourniſſans ſeuls de boiſſon pour vn peu mo-
derer ſa ſoif quand elle eſtoit trop importune,
Et tout fatigué & attenué du ſommeil prenoit ſon repos ſur la dure terre.

Ainſi donc apres auoir trauerſé les hautes
montagnes des Alpes pleines de dangers &
difficultez, toutes couuertes de neiges & de
glaçons, il paſſa par Rome, où eſtant, il alla

B

incontinent vifiter tous les lieux fainɛts, &
pour ce faire y demeura plufieurs iours, s'a-
donnant aux veilles, ieufnes & oraifons con-
tinuelles qu'il faifoit en chaque endroit, &
fingulierement aux Eglifes des bien-heureux
Apoftres fainɛt Pierre & fainɛt Paul, qui
eftoit fa principale vifite.

Comme il s'embarqua fur la mer, où il endu-
ra de furieufes tourmentes qui le
ietterent dans l'Affrique.

CHAP. VI.

DE Rome noftre Sainɛt s'en alla embar-
quer fur la mer d'Aufone, tirant vers
Conftantinople : mais par la malice de l'efprit infernal qui s'oppofe toufiours aux bons
deffeins des feruiteurs de Dieu, apres trois
iours de bon vent il fut trauerfé de telle furie
de tempefte, que le nauire errant çà & là, les
cordages tous rompus, fut repouffé bien loin,
& fur le poinɛt d'eftre fubmergé, neantmoins
le Tout-puiffant qui permet bien que fes plus
fideles amis foient affligez pour leur plus
grand bien, & non pas qu'ils periffent, fe tenant pres d'eux, comme dit le Prophete
Royal, afin de les fecourir & affifter au befoin,
en les retirant du peril, preferua ce vaiffeau
par les prieres & merites de fainɛt Phalier, &
contre l'efperance des nautonniers mefmes,
qui croyoient fans doute faire naufrage, le fit

Ioan. 2.
b. 6.

Pfal. 90.
d. 15.

surgir à bon port en vne ifle d'Affrique de la
cofte de Barbarie, mais grandement efloi-
gnée du chemin qu'il falloit tenir pour aller
droict à Conftantinople, comme on le peut
voir dans les liures qui traittent de la Cof-
mographie.

*D'vn fecond embarquement, où il endura
encore de grandes tempeftes qui le ietterent és frontieres de l'Egypte.*

CHAP. VII.

CE grand & fidele feruiteur de Dieu non
ingrat enuers fa diuine bonté, employa
trois iours en action de graces dans cette Religion remplie d'animaux veneneux & dangereux, qui s'engendrent là au moyen des
chaleurs exceffiues & infupportables de ce
climat, quoy que tres-fertil & bon païs.
Puis fe remit fur mer pour la pourfuitte de
fon voyage, où il fut derechef agité par vne
feconde tourmente, qui ne fut pas moindre
que la premiere, & le pauure vaiffeau agité
donnoit de la terreur à tous ceux qui eftoient
dedans par des fecouffes extraordinaires, &
tres-efpouuentables qu'il receuoit, porté par
les flots proche les nuës, d'où il retomboit
incontinent iufques au profond abyfme, neantmoins, contre toute efperance, par vne
fpeciale affiftance de Dieu il fut preferué, &
arriua aux confins de la Libye, & fur les

frontieres d'Egypte où les Sarrazins eſtoient
meſlez parmy les Egyptiens, & là les pauures nauchers tous fatiguez & recreus, ſe-
iournerent l'eſpace de neuf iours pour ſe re-
poſer & reprendre force.

Comme il fut repouſſé en l'iſle de Sardaigne,
& de là paruint à Conſtantinople, &
finalement en la terre ſainĉte.

Chap. VIII.

APres toutes ces ſecouſſes & dangers,
ſainĉt l'halier ne perdant point courage, ains luy & ſes compagnons voyans le cal-
me & la bonaſſe de la mer, reprirent la vo-
gue & leuerent les voiles pour cingler en
pleine mer, mais ils n'y furent pas pluſtoſt,
que par la permiſſion diuine ils ſentirent vn
furieux vent contraire qui les repouſſa viſte,
(ſans autre mal) vers l'iſle de Sardaigne, où
le Sainĉt ayant pris terre, & trouuant vn peuple fidele, charitable, & bien zelé en la foy
Chreſtienne & Catholique, il y ſejourna
trois mois entiers, durant leſquels ces bons
habitans fort edifiez de ſa bonne vie, le firent venir à la cognoiſſance de leur Prince,
nommé Bening, qui le receut & traiĉta tres-
benignement: mais le Sainĉt ſe voyant en fin
trop honoré & careſſé, ſe retira de ce lieu
afin de continuer ſon voyage, dont ces bons
Chreſtiens teſmoignerent de grands regrets

pour la priuation de sa saincte presence.

Il eut lors bon vent, & d'vn cours fauorable arriua en la ville de Constantinople, en
laquelle il rencontra vn peuple mal instruit
au deuoir de Religion, & par consequent
barbare en ses mœurs, ce qui l'obligea au
plustost de monter en mer pour la cinquies-
me & derniere fois (sauf le retour) & quoy
qu'assailly des vents impetueux, toutesfois le
nauire vogoit si bien qu'il aborda en peu de
temps en la terre saincte.

Comme visitant les lieux saincts de Ieru-
salem il ressuscita vn mort.

CHAP. IX.

EN mesme temps que sainct Phalier fut
arriué en la ville de Ierusalem, il s'achemina tout droit au temple pour rendre action
de graces à Dieu, & y ayant fait son oraison
se transporta au lieu où est le sainct Sepulchre, qu'il visita auec vne indicible deuotion
& reuerence, & tous les autres lieux saincts.
Or vn iour estant en ses plus feruentes prieres deuant ledit sainct Sepulchre, il eut vne
vision admirable d'vne ame, laquelle allant
pour estre presentée deuant le tribunal de la
diuine Majesté, d'vne voix lamentable, &
auec des cris tres-pitoyables imploroit son
secours ! Estant si furieusement agitée à la
sortie de son corps pour ses mesfaits, qu'elle

penſoit deſia eſtre iugée & portee aux tourmens de l'Enfer, tant l'ennemy la pourſuiuoit de pres. A quoy le Sainct perſonnage
s'oppoſant & proſternant ſa face contre terre, ſit priere à Dieu pour cette ame, demandant pardon & remiſſion pour elle au nom
de noſtre Sauueur qui auoit reſpandu ſon
ſang pour elle, laquelle par ce moyen, & en
faueur du Sainct, receut abolition de ſa coulpe, & fut remiſe en ſon corps pour en faire
penitence. C'eſtoit vn ieune homme nommé Lerian, à l'heure decedé, lequel ne fut ingrat enuers le ſainct homme qu'il ſuiuit, &
accompagna touſiours du depuis, luy faiſant
ſeruice en tout ce qui luy eſtoit poſſible; &
l'on tient que mourant encore apres luy, il
fut mis en ſon meſme ſepulchre, qui eſt cauſe
que pour diſtinguer leurs oſſemens, comme
nous auons veu de nos yeux, on les appliquoit
ſur des poſſedez, où la vertu des os du Sainct
ſe faiſoit cognoiſtre par deſſus les autres, en
ce que les malins eſprits ne les pouuoient
ucunement ſouffrir.

Pour exemple de cette merueille, & pour
preuue qu'elle n'eſt pas ſeule de ce genre,
vous trouuerez vne ſemblable reſurrection
dans Ribadeneira, en la vie de ſainct Ange,
cinquieſme May, où il eſt dit que celuy qui
fut reſſuſcité par ce Sainct, alloit preſchant
par tout qu'il l'auoit reſſuſcité doublement,
d'autant qu'vn peché de blaſpheme dans lequel il auoit expiré l'alloit precipiter dans les
enfers. Et i'en pourrois encore rapporter

plusieurs autres qui se rencontrent dans le
mesme liure, où Dieu fait voir sa puissance
absoluë & extraordinaire en faueur de ses
Saincts: Ie croy que ce payen & idolatre que
saincte Agnes ressuscita mort pour l'auoir
voulu violer doit suffire. Et pour ne point
trop examiner de pres des faits de Dieu si admirables au detriment de sa gloire, faut penser qu'en cela particulier sa diuine bonté sus-
pend son iugement, ou l'effet de son iugement, ou qu'il y a quelque autre secret ca-
ché aux hommes qui fait que, *bene omnia fecit*,
qu'il a fort bien fa t tout cela sans aucune in-
ference de contradiction.

10. Euseb. raconte que Nostre Dame a retiré v- ne ame de l'Enfer.

---

*Du grand applaudissement qu'on fit à
S. Phalier au suiet du miracle , qui fut
cause de luy faire aduancer son retour.*

CHAP. X.

CE miracle tant signalé de la reuocation
de cette ame, causa vn tel estonnement
dedans les esprits du peuple Chrestien & du
bon Patriarche de Ierusalem, nommé Iacques, qu'ils en firent de grands cris & clameurs de ioye remplis de loüanges & benedictions qu'ils rendoient à Dieu, lequel dai-
gnoit les visiter en la personne de son fidele
seruiteur sainct Phalier, dont ils tirerent vne
grande consolation dedans l'oppression &
tyrannie des Sarrazins ennemis des Chre-

stiens qui les molestoient fort en ce lieu. Cela faict, ce sainct voyageur accompagné du mort ressuscité, fut au Mont d'Oliuet, où ce sainct Patriarche faisoit son habitation auec encore vn assez bon nombre de Chrestiens, pauures toutesfois, à cause des tributs qu'ils estoient contraints de payer à ces infideles & barbares. Mais le grand accueil & honneur qu'on luy faisoit en la consideration de sa saincte vie, & pour le respect de ce grand miracle, auec la crainte qu'il auoit d'vn empeschement de ses pieux desseins au milieu de ces cruels Sarrazins, fut cause qu'il prit plustost resolution de s'en retourner, & à son depart alla mettre fin à ses deuotes visites, au lieu où nostre Seigneur posa ses pieds lors qu'il se retira de ses Apostres & Disciples pour remonter à Dieu son Pere, adorant là ses vestiges sacrez. Ce qu'estant fait, & ayant pris congé du bon Patriarche, & de la trouppe des fideles, qui eurent vn grandissime regret de le voir absenter, il reprit chemin vers la ville de Rome, accōpagné de son ressuscité.

Du bon accueil que le Pape fit à S. Phalier reuenu à Rome.

CHAP. XI.

Sainct Phalier estant derechef dans Rome, ne manqua pas aussi tost de s'en aller auec ardeur de deuotion reuisiter les lieux
saincts

sainᶜts, particulierement les Eglises des bien-
heureux Apostres sainᶜt Pierre & sainᶜt Paul,
quoy faisant, il fut admiré d'vn chacun qui
consideroit ses feruentes deuotions, nom-
mément vn bon Cardinal de l'Eglise Romaine nommé Aganus, en la presence duqel il
fut amené par ceux qui l'auoient desia fort
consideré: mais luy sur tous, en apres ne pouuoit se lasser de regarder sa modestie son
doux & gracieux maintien, & sa face relui-
sante, de laquelle l'on voyoit rejallir les
rayons d'vne vraye pieté, comme sortans
d'vne ame du tout embrasee du vray & sin-
cere amour de Dieu, si bien qu'ayant recogneu par ses gestes & par son discours de
quelle vertu & sainᶜteté il estoit doüé, & le
voyant merueilleusement bien porté au seruice de Dieu, le presenta au sainᶜt Pere le Pape Estienne, pour lors qui le receut tres-humainement, & en fit vn si grand estat qu'il
le voulut retenir auec grande instance pour
seruir à l'Eglise Romaine, ce que le sainᶜt
homme, qui redoutoit fort les honneurs &
dignitez, ne voulut accepter, s'excusant hon-
nestement sur le vœu qu'il auoit promis à
Dieu, & desiroit accomplir, de sorte que sa
Sainᶜteté ne le voulut contraindre, ains luy
permit de s'en aller, quoy qu'à regret, luy of-
frant tout ce dont il auroit besoin, ce que le
sainᶜt personnage n'osant refuser, pour contenter sa charité, prit seulement ce qui luy
estoit le plus necessaire, auec sa sainᶜte bene-
diᶜtion qu'il desiroit seule, & s'en reuint en
France.

Aucuns
pensent
que c'e-
stoit E-
stienne
troisies-
me, mais
cela n'est
pas bien
encore
certain.

C

Comme il se retira en la ville d'Agen, chez le bon Euesque Osius, où il fit plusieurs miracles.

CHAP. XII.

NOstre Sainct estant de retour en ce Royaume, s'achemina droict vers la ville d'Agen, afin de voir le bon Euesque Osius, qui le receut tres-affectueusement, chez lequel, vaincu par ses instantes prieres, il demeura l'espace de quatre ans, pendant lequel temps il fit plusieurs miracles. Entr'autres, par ses prieres il donna l'vsage de la parole, & rendit celuy de la veuë tout ensemble à vne femme nommee Vadie, laquelle estoit muette dés sa naissance, & aueugle depuis quelque temps auparauāt la venuë du Sainct. Ce qui donna occasion aux habitans du lieu d'implorer son secours pout la conseruatiõ de leurs bleds & vignes, que par chacū an la gresle, la gelée, les orages & tēpestes ruinoient, ce qui cessa dés lors que le Sainct eut faict sa priere pour ce sujet, & à l'aduenir les biens furent tousiours preseruez de ce desastre. En suitte de quoy sainct Phalier fut tellement importuné, & si fort honoré, que ne le pouuant souffrir, il se retira de ce lieu, & s'en alla en Auuergne où residoit vn autre sainct & venerable Euesque nommé Denys, qui le receut aussi tres-humainement.

Comme il receut l'ordre de Prestrise en Au-
uergne, & depuis à Bourges aduertisse-
ment du Ciel d'aller à Chabrys paf-
fer le reste de ses iours.

CHAP. XIII.

CE sainct Leuite estant donc en Auuergne chez ce bon Prelat, il y demeura
cinq ans, menant vne vie tellement solitaire
auec son compagnon ordinaire, Lerien ressuscité, qu'il ne vouloit plus du tout frequenter
personne, se souuenant des empeschemens
qu'il auoit eus cy-deuant, ce qui neantmoins
le mit encore en plus grande estime, & le
sainct Euesque iugea qu'il ne falloit laisser
plus long temps vn si digne personnage sans
le faire Prestre, & de faict luy confera l'Ordre. Mais le Sainct, qui depuis tant d'annees
qu'il estoit Diacre, n'auoit osé s'approcher
de cette dignité, & s'y voyant engagé s'effor-
çoit encore plus de se perfectionner, & retirer de toute sorte d'empeschement, menant
vne vie encore toute nouuelle & extraordinaire, comme il se vit en fin honoré & recherché outre son gré, & en general, & en
particulier d'vn chacun, & de tout le peuple,
qui n'auoit point ancore veu vn pareil homme, afin d'estre plus libre en ses deuotions, &
mieux s'occuper à l'oraison, se transporta
en vn Monastere de Benedictins, appellé S.

Benoist sur Loire , situé au lieu à present
nommé Fleury , où il se fust tres-volontiers
rendu Religieux, si Dieu ne l'eust appellé autre part, mais y ayant esté seulement l'espace
de neuf iours, il fut inspiré d'aller à Bourges
visiter les lieux saincts, & principalement le
sepulchre du bien-heureux sainct Vrsin, premier Archeuesque du lieu, où faisant ses prieres il entendit vne voix du Ciel qui luy disoit;
Phalier leue toy , & t'en va en vn lieu appellé
Chabris , sur les limites de Berry , pour y acheuer
le vœu de ton pelerinage , & le reste de tes
iours.

Comme sainct Phalier s'en alla à Chabris,
où il mena vne vie admirable, auec quel-
ques autres seruiteurs de Dieu qu'il receut
en sa compagnie.

CHAP. XIV.

LE sainct personnage ayant ouy cette voix,
& y prestant consentement, comme à vne
responce d'Oracle diuin , à mesme temps se
mit en chemin pour aller à Chabris, qui pour
lors estoit vn desert remply de bruieres, espi-
nes , halliers & buissons , n'estant en façon
quelconque habité ny cultiué, à cause de son
aspreté & infertilité, tel que le Sainct desiroit,
lequel ne recherchoit que la solitude, & y fut
conduit par vn Ange du Ciel , peut estre son
bon Ange, ou bien ce bon esprit qu'il deman-

da à Dieu, lors qu'il partit de son païs, lequel l'a tousiours accompagné, conduit & protegé, côme vn petit Tobie en tous ses voyages.

Il bastit là de ses propres mains vne petite Chappelle, auec vne loge aupres pour sa retraitte, & dans icelle Chappelle deposa quelques appartenances de la bien-heureuse Vierge Marie qu'il auoit apportées de Ierusalem, comme de quelque linge ou mouchoir dont elle essuyoit ses larmes. Aussi l'Eglise de Chabris a elle este fondée souz le tiltre de Nostre Dame de Pitié.

Il ne voulut pas estre seul, mais outre, Lerien venu auec luy de Ierusalem, qu'il surnomma Dieu-donné, comme l'ayant obtenu de Dieu lors qu'il le ressuscita par ses prieres, il admit encore auec luy d'autres personnages pieux & deuots, dont il fit vne congregation, afin que par ce moyen ils se peussent ayder, & exciter les vns les autres à rendre vn fidele seruice à Dieu à la façon des Religieux. Il auoit vne particuliere deuotion à la saincte Vierge Mere de Dieu, & s'occupoit continuellement en veilles, ieusnes & oraisons, & toute autre sorte d'exercice de vertu & de Religion, si bien qu'à peine il auoit le loisir de prendre le repos & le repas, qu'il ne faisoit qu'auec vn bien peu de pain d'orge, & quelques racines & herbages cruës qui luy seruoient de viande, & demeuroit ordinairement trois ou quatre iours sans boire ny manger, & n'vsoit iamais de chair quelconque, non pas mesme de poisson, se contentant pour sa boisse

Tob. 1.
&c.

son d'eau pure qu'il falloit aller querir assez
loin, soit à la riuiere, ou sur le tertre à la fontaine, que l'on nomme encore à present la
fontaine de sainct Phalier, à laquelle on a recours pour la guerison des fievres, l'eau y
estant fort salubre à ceux qui en boiuent auec
la foy en Dieu, & auec deuotion à ce grand
amy de Dieu, comme l'experience le fait voir.

Comme la saincteté de sa vie, & les mira-
cles qu'il operoit attiroient grand nombre
de peuple à le visiter.

CHAP. XV.

LA renommée de ce nouuel habitant des
deserts s'estant espandus és lieux circonuoisins, chacun venoit à luy pour le voir, &
pour estre secouru de Dieu par son moyen, &
spirituellement & corporellement, & en telle
affluence, que le chemin qui ne paroissoit
point auparauant, fut bien tost rendu de tous
les costez comme quantité de grans chemins
passans, par lesquels on abordoit en trouppes
de toutes parts.

Phale-
strus quasi
latus, vel
lucificans
Pharus.
Au moyen de sa science il donnoit de tres-
bons aduis & enseignemens à toute sorte de
personnes, de quelque aage, qualité, ou condition qu'ils fussent, seruant à tous d'vne lu-
miere, dont son nom porte l'etimologie, faisant voir par ses sainctes paroles, & par son
bon exemple, quelle route faut tenir pour al-

Ier au Ciel, comme autrefois ce Phare Alexandrin, qui par sa lumere attiroit ceux qui estoient au milieu de la mer, monstrant le port où les nautonniers pouuoient aborder en asseurance. Et sa bonne grace, son doux, benin, & gratieux aspect, auec son discours energique, portoient vn tel effet dedans les cœurs, mesme les plus tristes & melancoliques qu'il les rendoit pleins de ioye & de consolation en Dieu.

Il est bien difficile maintenant de rencontrer quelqu'vn de la parenté de ce sainct, n'estant pas mesme informé du nom de ses pere & mere ; dequoy ie me plains aussi de nos anciens escriuains, mais à ce propos, ie diray que nous auons apris que ceux qui en sont descendus ont eu depuis ledit Sainct cette grace du Ciel, de garentir les personnes affligees d'vn mal appellé le carreau, & que l'experience s'en void encore à present en vne bonne Religieuse de Monteuilliers en Normandie, venuë du Limosin, qui le dit ainsi elle mesme, & en fait l'exercice, comme nous l'ont asseuré personnes tres-religieuses, esleuez maintenant en dignité venerables, serïeuses, & dignes de foy, en vn mot, deux bonnes Abbesses qui ont long temps vescu & demeuré auec elle audit Monastere, la voyans fort importunee pour ce sujet des personnes affligees de ce mal ; ce qui est bien conforme à ce que sainct Phalier rendoit la ioye à ceux qui estoient tristes de cœur, dont il est aussi particulierement fait mention dans sa Colle-

Ostendat Pharisæ Aegyptæ littera flammis. Luc. 9.

Turbatorum pectus triste hominum latificat.

lecte , parce que la maladie du carreau est vn
mal de rate , qui rend les personnes naturellement tristes & melancoliques.

Par luy les ennemis estoient bien tost re-
conciliez, & les persecutez mis en asseurance. Il faisoit des miracles sans nombres , ren-
dant la veuë aux aueugles , la parole aux
muets, l'ouye aux sourds, redressoit les boi-
teux & contrefaits , guarissoit les malades,
donnoit la vie & le mouuement aux membres paralytiques qui auoient perdu tout humeur & sentiment. Et le plus grand miracle

de tous, qui donne de la resiouïssance aux Anges du Paradis, est qu'il conuertissoit les pecheurs, mesmes les plus endurcis, suscitant,

ou faisant de ces durs cailloux des enfans d'A-
braham.

---

*De la guarison d'vn Demoniaque , & de
quelques maladies & infirmitez
particulieres.*

CHAP. XVI.

LA frequence de tant de miracles faisoit
que ce sainct personnage estoit sans cesse
importuné d'vn nombre infiny de peuples,
luy qui sur toutes choses aymoit grandement la solitude, & eust bien desiré estre continuellement enfermé dans son petit oratoi-
re pour s'entretenir auec Dieu seul, & s'y tenoit en effet le plus qu'il luy estoit possible

parmy

toutes ses visites, ne s'en pouuant quasi retirer, c'est pourquoy sa petite demeure estoit
tousiours entouree d'vn grand nombre de
personnes, qui sans cesse le venoient rechercher, ce qui luy eust encore bien tost fait quitter ce lieu, aussi bien que les precedens, s'il
n'eust eu expres commandement de la part de
Dieu d'y demeurer tout le reste de ses iours.

Vn iour donc, parmy ceux qui estoient at-
tendans deuant la porte de sa cellule, se rencontra vn possedé du demon, lequel s'appro-
chant se prit à crier à heute voix, disant : Seruiteur de Dieu, ouure moy l'huis de ta cellule,
afin que i'y entre. De laquelle maniere de
parler, le sainct fut vn peu estonné d'abord,
doutant que ce ne fust l'ennemy infernal qui
le venoit troubler en ses deuotions, & en mesme temps se prosterna la face contre terre,
priant Dieu luy faire la grace de cognoistre
quelle estoit la voix qu'il auoit entenduë, si
elle venoit du demon ou d'vn homme, puis
auec asseurance & confiance en Dieu, fit ou-
uerture de sa porte, & à l'instant cet homme,
ou plustost le malin esprit par sa bouche luy
dit en ses mots : *Phalier, seruiteur du grand
Dieu, ayez pitié de moy, miserable, qui suis icy
lié de chaines ardentes.* Par ces paroles le
Sainct cognoissant que cet homme estoit possedé, ne fit que dire : Au nom de nostre Sauueur Iesus Christ, ie te commande, esprit im-
monde, que tu ayes soudain à sortir de ce
corps. Et à l'instant le demon obeit, iettant
vne voix horrible de clameurs espouuanta-

bles, qui dõna de la frayeur à tous les assistãs.

La vertu de ce grand Sainct estoit telle, que par le seul attouchement de ses vestemens il guarissoit les malades, voire mesme sans qu'il y fust present, tesmoin vne bonne Dame, mere de famille, affligee de la maladie du flux de sang, laquelle fut guarie pour auoir touché vn petit morceau de son habit qu'elle enuoya querir par vn messager. Et sur tout, il auoit cette particuliere grace de Dieu de donner la santé aux petits enfans qui estoient en langueur, de sorte que chacun iour on luy en amenoit de tous les cantons & de diuerses Prouinces, à sçauoir, de la Solongne, du Diocese d'Orleans, du Blaisois, de la Tourraine, de tout le Berry, voire encore d'Anjou & du Maine, & autres, tant loing que pres, qu'il renuoyoit tous biens guaris, au grand contentement des parens, & de ceux qui les amenoiét.

Comment sainct Phalier predit sa mort, ordonna Lerien ressuscité, son successeur pour gouuerner ses bons freres, & deceda.

Chap. XVII.

EN fin le Sainct aage de soixante ans, sçachant par vn aduertissement du Ciel que le temps de sa mort estoit venu, le fit entendre à ses confreres, & leur commanda de preparer sa sepulture dedans la loge & retraitte ordi-

naire, difant que Dieu le vouloit ainfi, & par
ce moyen fe voyant proche de l'heure qu'il
auoit infiniment defiree pour aller iouïr au
Ciel de la prefence de celuy qu'il auoit fi
bien feruy en terre tout le temps de fa vie, on
ne fçauroit dire la ioye qu'il en auoit, & la diligence qu'il y apporta, encore que tous les
iours, toutes les heures, & tous les momens
de fa vie n'euffent efté qu'vne vraye & continuelle preparation à la mort. Et le iour qu'il
fçauoit eftre fon dernier pour cette vie mortelle, quelques perfonnes religieufes & deuotes qui l'eftoient venu vifiter en fa maladie
des lieux circonuoifins, luy vouloient perfuader de prendre quelque chofe de ce que les fideles luy apportoient en charité pour vn peu
fuftenter fon corps qu'ils voyoient fi fort attenué, mais luy qui n'auoit plus d'autre at-
tente qu'à ce banquet Eternel qui luy eftoit   Matth.
tout appareillé, les repouffa bien vifte, difant: 22.2.4.
Taifez-vous mes freres, ie vous prie taifez-
vous, & ne m'apportez point icy de degouft,
en me voulant perfuader ce dont ie n'ay aucune enuie, car auffi bien c'eft temps perdu
de me parler plus de tout cela, dont ie n'ay
plus aucun befoin. Et prenant vn fuiet là def-
fus, commença lors à faire vne belle & falutaire exhortation à tous ceux qui eftoient là
prefent, particulierement à fa petite compagnie de freres, touchant le mefpris des chofes
caduques & periffables, & l'excellence des
biens celeftes & eternels, leur recommandant
fur tout la charité de Dieu, paix, amour & di-

D ij

lection mutuelle les vns enuers les autres, &
ordonna que son cher & bien aymé Dieu-
donné, Lerien ressuscité, comme le meilleur
& plus capable, & outre cela, le plus ancien,
fust esleu Superieur en sa place, luy enioi-
gnant d'auoir vn grand soin de ses confreres,
& à eux de luy bien obeir. Puis la reception
des saincts Sacremens faite, quittant pour iamais toutes les choses terrestres & corporelles de cette vie: rendit son heureux esprit à
Dieu le vingt-troisiesme iour de Nouembre,
& (si la remarque mise cy apres au trente-
huictiesme chapitre est bonne) enuiron l'an
de nostre Seigneur sept cẽs quatre vingts dix.

De sa sepulture, & de plusieurs miracles
qui se firent à son tombeau.

Chap. XVIII.

L A bien heureuse ame de sainct Phalier
s'en estant donc allee au Ciel iouïr de la
felicité eternelle, son corps fut inhumé par ses
freres, auec pleurs & larmes, au mesme lieu
qu'il auoit ordonné, qui est à present souz le
chœur de l'Eglise, laquelle est vne des plus
belles de tous les lieux loin autour, bastie au
mesme endroit où estoient sa loge & sa chappelle, qui furent adioustees ensemble en vne
seule chappelle faite en façon de grotte sous
terre, en laquelle du depuis Dieu a tousiours
operé grand nombre de miracles par les meri-

tes de son Sainct. Et dés lors qu'il fut inhumé parmy vne grande multitude de peuple qui se trouua à sa sepulture, vn nommé Berric, qui faisoit grande pitié, estant tourmenté d'vne tres-furieuse & cruelle rage, fut amené proche du sepulchre, dans lequel estoit le corps du Sainct, où chacun fit priere à Dieu qu'il luy plust, en faueur de son Sainct, auoir pitié de ce pauure homme, lequel aussi tost fut deliuré: ce qui occasionna que de toutes parts arriuerent chacun iour nombres de personnes pour visiter ce lieu sainct, & principalement ceux qui auoient quelque mal ou indisposition, lesquels s'en retournoient sains & guaris.

Entr'autres vn habitant de la ville de Tours nommé Martin, perclus de ses membres, se fit apporter au tombeau de sainct Phalier, où il receut vne entiere & parfaite guarison.

Vn autre nommé Verennius aueugle, qui demeuroit en vn chasteau appellé Gorron, conduit audit lieu, recouura la veuë, & ainsi s'en retourna sans plus auoir besoin de guide.

Vne femme tourmentee du malin esprit y fut aussi deliuree, & tant d'autres, qui seroient trop longs à deduire en particulier.

Vertu singuliere & remarquable des cloches de sainct Phalier, à l'encontre des diables & des tempestes & orages.

CHAP. XIX.

EN suitte, & à propos de cette possedee mise à la fin du chapitre precedét, ie diray

qu'on remarque en ce Sainct, entr'autres choses vne grande puissance sur les demons, &
que le son mesme des cloches de son Eglise,
qui sont comme au dessus de son sepulchre,
dont elles tirent particulierement leur force
& vertu,, donnent sur toutes autres l'espou-
uante aux puissances de l'air, & chassent les
tonnerres, dont ie prendray icy occasion en
passant d'en raconter vn exemple notoire &
signalé entre les autres, qui fut l'an mil cinq
cens quatre-vingts dixhuict, la veille de sainct
Pierre & sainct Paul, auquel iour il arriua vn
tonnerre extraordinaire, si furieux, terrible, &
espouuentable, que chacun pensoit estre à la
fin du monde, arrachant les arbres par tout
où il passoit, & iettoit les Eglises & cloches
par terre, dont celuy de Selles fut renuersé la
poincte en bas, l'Eglise de Parpeçay ruinee,
en sorte qu'il n'y demeura que les seules murailles, & tant d'autres choses effroyables,
qu'il seroit trop long de raconter. Duquel
orage vn demon qui possedoit vne femme, laquelle entr'autres, on auoit amenee à Chabris
pour estre deliuree par les merites de sainct
Phalier, se disoit en auoir esté le moteur. Donc
interrogé pourquoy il n'auoit point fait de
mal à l'Eglise de Chabris comme aux autres,
il fit responce que les gros mastins de Phalier,
son grand ennemy l'en auoient destourné &
empesché par leurs furieux abbayemens, lesquels quand ils se font entendre luy ostent, &
à ses compagnons, toute la puissance & har-
diesse d'approcher pour faire du mal en telle

occaſion,& que ſans cela il auoit bien delibe-
ré de mettre à bas cette ſuperbe eſguille de
clocher qui ſemble n'auoir ſa pareille.

Il eſt bien vray qu'il ne faut pas adiouſter
foy à ce pere de menſongé, & s'en faut bien
garder:mais on a remarqué qu'en effet durant
tout ce temps d'orage la femme fut touſiours
en tel repos & tranquilité, qu'on croyoit
qu'elle fuſt deliuree. Et c'eſt choſe commune
lors que ces groſſes nueus de tonnerre ap-
prochent de ce lieu ſi leſdites cloches ſon-
nent on void qu'elles ſe diſſipent, ſe fendent
en deux,ou ſe deſtournent de coſté ou d'autre,
faiſant ſouuent de grands degaſts aux bleds &
vignes des autres lieux eſcartez,ſans faire mal
à ce qui eſt proche, & s'il y a quelque fois eu
du mal ç'a eſté par ſurpriſe, ou par trop de negligence de recourir aſſez toſt à ce remede.
C'eſt pourquoy les habitans y ſont fort exacts
auſſi toſt que le tonnerre commence vn peu à
gronder,ou à ſe faire paroiſtre par ſes eſclairs,
& auec cela vont incontinent faire prieres
generales & particulieres en la chappelle du
Sainct.

Les Philoſophes qui attribuent tout à la Nature,diront icy que c'eſt la vehemence du ſon
qui eſbranlant l'air, diſſipe ou fait deſtourner
ainſi les nuës, comme de fait naturellement
il y a quelque pouuoir,principalement à cauſe de la groſſeur des cloches, & pour ce meſme ſuiet on ſe ſert encore du bruit des canons
où il y en a : mais vous voyez que cet ennemy
de l'honneur de Dieu & des Saincts, eſt icy

contraint d'aduoüer cette seule raison, sçauoir que sont les chiens de sainct Phalier, c'est
à dire ses cloches qui repoussent ce desastre,
comme tirans cette vertu de ses merites, &
par vne singuliere benediction qui leur est
donnee de Dieu en sa faueur, & desia vous
auez veu cy deuant au douziesme chapitre
cette particuliere grace en la deliurance des
champs Agenois.

Comme le lieu & la terre de Chabris se remplit d'habitans.

CHAP. XX.

MAis pour reuenir à nostre propos, depuis le commencement, & dans la pour-
suitte de ces miracles faits au tombeau de
sainct Phalier, il a tellement esté frequenté de
tout le monde, que mesme on s'y est habitué
en sorte, que le lieu auec sa circonference s'est
tout remply & peuplé, ayant esté rendu ferti-
le par la vertu des merites du Sainct, ainsi
qu'il est fort bien remarqué, & exprimé dans
ces deux vers de son Office:

Iste locus quondam dumis & vepribus asper,
Nunc populis passim frondet & arboribus.

D'où vient que iusqu'à present nous y voyōs
vn gros bourg auec quantité de villages &
hameaux autour, qui font bien amplement
voir comme ces buissons ont esté metamor-
phosez en maisons depuis que sainct Phalier y
a basty

à basty sa loge. Et seulement il n'y a que le nom, qui nonobstant cela n'a point esté changé, pour tousiours faire voir l'antiquité à trauers le Christal de son etymologie ; d'autant que Carobtis ou Carobrias, qui est le terme Latin de Chabris, est composé de Carus, c'est à dire cher, & brya , qui se prend icy pour bruyere, venant du Grec, comme si l'on disoit cribryas, les bruyeres de Cher, sçauoir est, de la riuiere de Cher qui passe là, faisant entendre que ce lieu estoit remply de telle & semblable verdure, au lieu que maintenant on ne void en tout le terroir que bons labourages , belles prairies, & des meilleures vignes de tout le païs enuiron.

De l'Hostel-Dieu, Maladerie, Monastere, &
maison Episcopale bastis en ce
lieu de Chabrys.

CHAP. XXI.

IL fut encore necessaire en ce lieu de Chabrys d'exiger & fonder vn Hostel-Dieu pour la reception des pauures, lesquels y venoient de toutes parts, à cause de l'affluence des pelerins qui leur donnoient des aumosnes. Et outre l'Hostel-Dieu il y eut pareillement besoin d'vne Maladerie, ainsi nommee, non point que ce fust simplement pour les lepreux, ains pour receuoir, loger & sustenter toute sorte de pauures malades & infirmes qu'on ame-

rioit pour auoir santé & guarison au sepulchre
de sainct Phalier.

De plus, Dieu-donné auec ses confreres, &
en suitte leurs successeurs ayans continué la
forme & maniere de viure religieusement, que
le Sainct leur auoit laissee, & s'estans augmen-
tez il leur fut edifié contre l'Eglise vn ample
Monastere, lequel a subsisté tant que la Congregation a duré; mais comme par la succes-
sion des temps toutes choses sont muables, il a
depuis esté changé en maison Episcopalle,
dans vn temps auquel Messigneurs les Archeuesques de Bourges furent successiuement
faits seigneurs & possesseurs d'vne moitié du
domaine de la terre, iustice & Seigneurie de
Chabrys.

Comme autresfois les Archeuesques de Bour-
ges auoient agreable la retraitte de ce
lieu de sainct Phalier.

Chap. XXII.

CEtte maison Episcopalle qu'ont eu les Archeuesques de Bourges à Chabrys s'ap-
pelloit pour ce sujet le Chasteau de Bourges,
ayant de beaux pauillons, de belles & grandes
sales, hautes & basses, & au reste, si bien assor-
tie de tout ce qui est necessaire pour loger amplement & honorablement vn Archeuesque,
auec ses officiers, & tout son train, qu'ils se
plaisoient grandement en la demeure d'icelle

particulierement Iean Cœur, fils de ce fameux & renommé Iacques Cœur, dont il y a vn beau logis dans Bourges appellé de ſon nom, c'eſt pourquoy ils y faiſoient ſouuent leurs fonctions Epiſcopales, tenans meſme les Ordres dans l'Egliſe de Chabrys, ce qui luy a donné marque de preference à toute autre de la contree, comme chambre d'Archeueſque, & pour marque de cela vous y voyez encore le Iubé: mais depuis ſont ſuruenuës les guerres, qui leur ont fait tellement abandonner & negliger ce beau logement, qu'ils l'ont laiſſé demolir peu à peu faute de l'entretenir, & en fin par vn accommodement ont donné cette place auec ſon reuenu à Meſſire Philippes de Bethune Comte de Selles, pour vne autre plus proche de Bourges appellee Cantilly.

Comme vn de nos Roys de France vint en pelerinage à ſainct Phalier, & fit de riches preſens à l'Egliſe de Chabris.

CHAP. XXIII.

ENtre ceux leſquels en recognoiſſance des graces & benefices receus par les prieres & merites de noſtre Sainct, ont fait de grands & riches preſens à l'Egliſe de Chabrys, ne faut pas oublier en particulier vn de nos Rois nommé Louis, qui tourmenté d'vne fieure hectique, ſe voüa au Sainct, promettant d'y faire le voyage au pluſtoſt, ce qu'il accom-

plit, & arriuant sur les terres du lieu de Chabrys, il ressentit vn soudain allegement qui
l'obligea de descendre de son carrosse, & se
trouuant guary fit le reste du chemin à pied
iusques à l'Eglise, suiuy en cet estat de toute
sa noblesse, qui en conceut vne grande ioye
& allegresse. Et là il presenta vne belle &
grande image de pur or, qui representoit S.
Phalier, & sa Majesté non contente de cette
riche offrande, fit encore faire vne chasse de
tres-grand prix pour y resserrer les reliques
du Sainct, laquelle à cause de ce sainct de-
post, comme vne autre Arche d'Alliance ap-
portoit toute sorte de benedictions, & à l'ou-
uerture d'icelle on receuoit de la pluye à suf-
fisance en temps de seicheresse & necessité,
mais pour y toucher il falloit estre bien disposé & en bon estat de conscience, & faire de
grandes ceremonies, conuoquant tout le peuple auec les Ecclesiastiques pour prier, chan-
ter, & psalmodier.

On tient que cette image e-stoit de la grosseur & pesan-teur du Roy.
2. Reg. 6. II. &c.
Nos an-ciens ra-content que cette chasse e-stoit esti-mee la rã-çon de deux Rois.

Des exemptions de tailles que le Roy Louis
onziesme donna aux habitans de Cha-
brys en faueur de S. Phalier.

C H A P. XXIV.

OVtre ce qui est contenu au precedent
chapitre, il appert de plus comme ce
Louis onziesme, lequel en recognoissance
des graces & benefices receus de Dieu en

faueur des merites de sainct Phalier donna
exemption de tailles à tous les habitans de
Chabris, par ses lettres patentes, dont s'ensuit la copie pour tesmoignage, tiree de l'original qui se garde encore à present à l'honneur du Sainct.

Louis par la grace de Dieu Roy de France, à nos amez & feaux les Generaux Conseillers par nous ordonnez sur le faict & gouuernement de nos finances. Aux Esleus sur
le fait des Aydes ordonnez pour la guerre en
l'Eslection de Berry, & à tous autres Esleus &
Commissaires, commis & à commettre sus,
assoir & imposer nos tailles & imposts, salut
& dilection. Sçauoir vous faisons, que nous
considerans & reduisans en nostre memoire
la tres grande & singuliere deuotion qu'a-
uons tousiours eu, & encore auons au tres-
glorieux Sainct & amy de Dieu Monsieur
sainct Phalier, dont le glorieux corps gist &
repose en l'Eglise parrochiale de sainct Phalier de Chabrys, où se font chacuns iours plusieurs grands & euidens miracles, desirans recognoistre enuers ledit glorieux Sainct les
grandes & singulieres graces de nostre Createur, côme voyons maints effets en plusieurs
manieres par son intercession, & aucunement soulager les manans & habitans de ladite parroisse, des grandes charges qu'ils ont
supportees par cy-deuant pour le fait de nos
tailles, à ce que de plus en plus ledit glorieux
Sainct veille interceder enuers nostredit
Createur, pour la santé & prosperité de no-

ſtre perſonne, & de noſtre tres cher & tres-
aymé fils Charles Dauphin de Viennois, à
iceux manans & habitans en ladite parroiſſe
de Chabrys, & chacun d'eux: auons de noſtre
propre mouuement octroyé & octroyons,
voulons & nous plaiſt, de noſtre grace ſpecia-
le, par ces preſentes, qu'ils ſoient & demeurent durant noſtre vie francs, quittes, & exempts de toutes Tailles, Emprunts & Im-
poſts quelſconques, mis & à mettre ſus en
noſtre Royaume, ſoit pour le fait & entretenement de nos gens de guerre, ou autrement,
pour quelque cauſe, couleur, ou occaſion que
ce ſoit, & de ce les auons affranchis, quittez
& exemptez, affranchiſſons, quittons & ex-
emptons noſtredite vie durant. Si vous mandons, commandons, & expreſſément enioi-
gnons, & à chacun de vous, ſi comme il appartiendra que de nos preſens affranchiſſement & exemption, vous faciez, ſouffriez, &
laiſſiez leſdits habitans de Chabrys, & chacun d'eux, noſtre dite vie durant, iouïr & vſer
pleinement & paiſiblement, ſans leur faire,
ou mettre, ne ſouffrir eſtre ſur ce mis aucun
detourbier ou empeſchement, au contraire,
lequel ſi fait, ou mis leur eſtoit, mettiez ou
faciez mettre incontinent & ſans delay, à
pleine deliurance, & au premier eſtat & deub,
& faire faire, & ſouffriez à les tenir, oſter &
mettre hors des roolles, payemens & aſſiet-
tes de noſdites Tailles, contraindre, ou faire
contraindre tous ceux qu'il appartiendra, &
qui pour ce feront à contraindre par toutes

voyes deuës & raisonnables, nonobstant que
par nos lettres de commission & mandement
pour mettre sus, assoir & imposer nosdites
Tailles & Imposts, soit mandé assoir, & imposer à icelles toutes manieres de gens, exempts & non exempts, priuilegiez & non priuilegiez, & sans preiudice de leurs priuileges
& exemptiõs pour le temps aduenir, en quoy
ne voulons maintenant taxer lesdits habitans, ne aucun d'eux estre compris ne entendu en aucune maniere, & quelconque ordonnance, restriction, mandement, ou defense à
ce contraire. Donné au Plessis du Parc les
Tours, le troisiesme iour de Feurier, l'an de
grace mil quatre cens quatre vingts deux : Et
de nostre regne le 22. Signé de par le Roy.

*Lettres de verification & d'entherinement,
en suitte des precedentes.*

C H A P. XXV.

VERIFICATION.

LEs Generaux Conseillers du Roy nostre
Sire, sur le fait & gouuernement de ses
Finances, veu par nous les lettres du Roy nostredit Sire, ausquelles ces presentes sont attachees sous l'vn de nos signez, par lesquelles,
& pour les causes dedans portees, ledit Sire a
affranchy, quitté & exempté les manans &
habitans de la parroisse de Chabrys, dite de

sainct Phalier, sa vie durant, de toutes tailles,
emprunts & imposts quelsconques, mis & à
mettre sus en son Royaume, soit pour le faict
& entretenement de ses gens de guerre, ou
autrement, pour quelque cause, couleur, ou
occasion que ce soit, consentons, en tant
qu'en nous est l'enterinement & accomplis-
sement desdites lettres, tout ainsi, & par la
forme & maniere que ledit Sire le veut &
mande par icelles. Donné sous l'vn de nos-
dits signez le dixneufiesme iour de Feurier,
l'an 1482. Signé Primaudaye.

ENTHERINEMENT.

A Tous ceux qui ces presentes lettres ver-
ront, les Esleuz de Berry pour le Roy
nostre Sire, sur le faict des Aydes ordonnees
pour la guerre, salut. Sçauoir faisons, que ce
iourd'huy les manans & habitans de la parroisse de Chabrys, dit sainct Phalier, sont ve-
nus pardeuant nous en iugement, & illec par
Iean Tureau & Ieanny Cailiault leur Procureur, en la presence de Iean de Varry, Sub-
stitut d'honorable homme & sage Maistre
Auiurant La, Licentié és Loix, Procureur du
Roy nostredit Sire, sur le fait desdites Aydes,
audit païs, ont esté presentees les lettres patentes du Roy nostredit Sire, seellees de son
seel en cire iaulne, & simple queuë: ensemble
l'attache & verification de nos sieurs les Generaux sur le faict & gouuernement de ses
finances à icelles attachees sous l'vn de leurs
signez,

ſignez , auſquelles ces preſentes ſont attachees ſous l'vn de nos ſceaux, par leſquelles,
& pour les cauſes dedans contenues, ledit Sire , de ſon propre mouuement a affranchy &
exempté leſdits habitans de Chabrys , dit S.
Phalier, de toutes tailles , emprunts & im-
poſts quelſconques, mis & à mettre ſus en &
ſon Royaume , ſoit pour le faict & entretenement de ſes gens de guerre ou autrement,
pour quelque cauſe , couleur ou occaſion que
ce ſoit, & autres choſes plus à plein declarees
eſdites lettres, en nous en requerant, entheri-
nemét & accompliſſemét , par vertu deſquel-
les , & du pouuoir à nous donné & commis
par icelles , & apres que lecture a eſté faite
d'icelles par noſtre Greffier , à haute voix , &
que le Procureur du Roy nous a dit qu'il ne
vouloit aucune choſe dire contre leſdites lettres, ains vouloit le bon vouloir & plaiſir du
Roy noſtredit Sire eſtre faict , & de tout s'en
rapportoit à raiſon & à noſtre diſcretion,
nous auons procedé & procedons à l'entherinement deſdites lettres , & en ce faiſant
nous auons faict, ſouffert, & laiſſé, faiſons,
ſouffrons & laiſſons leſdits habitans de Chabrys , dit ſainct Phalier, iouir & vſer des graces , affranchiſſement & exemption conte-
nuës eſdites lettres Royaux durant la vie d'i-
celuy Sire, le tout ſelon le contenu en icelles,
& que le Roy noſtredit Sire le veut & máde.
Si donnons en mandement par ces meſmes
preſentes à tous les Iuſticiers, Officiers &
ſubiers du Roy noſtredit Sire, que leſdites

graces, affranchissement & exemption , ils
souffrent lesdits habitans iouir & vser pleinement & paisiblement , sans leur faire ou
mettre, ne souffrir estre fait ou mis aucun detourbier ou empeschement, au contraire, lequel si fait ou mis leur estoit, ou si leurs corps
ou biens estoient pour ce pris, arrestez , ou
empeschez , qu'ils les mettent ou facent mettre incontinent, & sans delay à pleine deliurance, & au premier estat & deub. Faict és
iours tenus audit lieu de Bourges par nous
Esleus susdits, & donné sous l'vn de nos
sceaux: En tesmoin de ce, le Ieudy 27.iour de
Feurier l'an de grace 1482. Signé Bellin.

Du pillage que firent les Huguenots de tous
les thresors & ornemens sacrez
de l'Eglise de Chabrys.

CHAP. XXVI.

AVparauant la lecture des precedentes
lettres, ie m'estois laissé persuader que
c'estoit Louis surnommé le Gros , lequel
auoit donné l'Image d'or & la chasse de S.
Phalier, & ie n'y aurois point encore de re-
pugnance, voyant qu'elles n'en font aucune
particuliere mention, si c'estoit vne autre histoire à part , mais d'autant que ie n'ay point
ouy parler que d'vn seul qui a donné le thresor aussi bien que l'exemption des tailles,
(sauf meilleur aduis) ie conclus que c'est le

mesme Louis onziesme d'où ie tire consequence que le riche present n'a guere esté
plus conserué qu'a duré l'exemption, parce
que dés le temps du trouble & rauage causé
par les Huguenots dans la France lors qu'ils
prindrent Bourges & Orleans, le tout a esté
pillé & volé, & auec cela les belles croix
d'argent, calices, & tous ornemens riches &
pretieux, desquels l'Eglise de Chabrys estoit
si abondamment fournie, qu'il y en auoit de
destinez pour seruir particulierement à chaque feste solemnelle de l'annee, auec les figu-
res propres, & tant d'autres beaux presens
donnez par les pelerins, dont ladite Eglise a
encore esté despoüillee, & pour marque de
ce principal thresor, à sçauoir l'Image d'or,
& la chasse, on ne void sinon que la place
vuide en laquelle on l'enfermoit, remplie de
fleurs de lys fort antiques: & en memoire de
ce la banniere de l'Eglise que l'on porte en
procession est tousiours toute parsemee de
fleurs de lys de costé & d'autre.

Ce pillage ne causa pas seulement la ruine
de l'Eglise, mais aussi des habitans, & les for-
ça de quitter leurs maisons, en sorte que le
lieu demeura presque tout desert pour la se-
conde fois, la plus grande & meilleure partie
des logis estans demeuréz inhabitez, & par
ce moyen plusieurs ruinez, car les gensdar-
meries y venoient souuent & expres de toutes parts, affriandez au butin, esperans tous-
jours y trouuer quelque reste qui se seroit
conserué.

F ij

La rage & furie des Huguenots mettans le feu à l'Eglise de Chabris apres en auoir emporté tous les thresors.

CHAP. XXVII.

EN fin ces voleurs & sacrileges ne trouuans plus rien que prendre, vn iour estans entrez dans le fort qui defendoit l'Eglise & le chasteau de Bourges, portez de despit pour faire sortir & descendre ceux qui s'estoient refugiez, & se defendoient encore au haut de la tour du clocher, mirent le feu dedans deux chappelles de l'Eglise, l'vne de sainct Iean Baptiste où il y a vne vicairie fondee, l'autre de la Magdelaine, qui furent entierement bruslees, & sans vne particuliere assistance de Dieu tout eust esté reduit en cendre, & l'E-glise & le chasteau, qui estoit encore lors quasi en son entier, & quelque diligence qu'on y apportast, n'y espargnant non plus le vin que l'eau, le feu s'estoit desia pris à la charpente des cloches. Mais chose merueilleuse qu'il faut attribuer à la Toute-puissance de Dieu, & au merite de sainct Phalier, ce feu ayant aussi commencé à se prendre au bas de la couuerture du chœur de l'Eglise, qui est droictement au dessus de la chappelle & du sepulchre dudit Sainct, dont il n'y a personne qui ne iuge que tout le reste deuoit estre bien tost embrasé, neantmoins par vne maniere de

vertu occulte , la flamme fut soudain comme
repoussee, & le feu perdant ses forces s'arre-
sta lors tout court en tous les endroits où il
estoit paruenu , & ne faisant plus que dimi-
nüer , finalement s'esteignit du tout en peu de
temps, laissant seulement les deux chappelles susdites auec les seules murailles , le reste
de l'Eglise estant encore demeuré en son entier , & nous auons veu refaire lesdites chappelles long temps apres.

Pour preuue de cela , il se void encore
dans le coing de la charpente du chœur du
costé desdites chappelles deux cheurons
bruslez au bout d'embas , & dans le clocher
quelques poultres & soliues encharbonnees,
tesmoignage de la bonté de Dieu qui a voulu
conseruer ce lieu sacré à cause des merites de
son fidele seruiteur S. Phalier , quoy qu'il ait
permis le pillage, & autre desastre, pour punition des offences commises contre se diuine Majesté par ceux qui ont abusé de ses graces, comme il arriue d'ordinaire, & principalement aux lieux où l'on reçoit le plus de
faueurs du Ciel.

Comme durant la persecution de ces Hu-
guenots on entendit plusieurs voix de
chant melodieux dans l'Egli-
se de Chabrys.

CHAP. XXVIII.

EN suitte du contenu cy deuant, ie prendray sujet de reciter encore vne chose

notable, telle que nous l'ont racontee nos peres & ayeuls qui estoient de ce temps là: C'est
que durant la persecution de ces mesmes ennemis de la foy Catholique, les Prestres en
nombre de quatorze ou quinze , au moins
qu'ils estoient lors en ce lieu pour satisfaire
aux Messes de deuotion , n'osans paroistre à
cause des cruautez que ces heretiques exer-
çoient à leur endroit , & par consequent le
seruice diuin estant delaissé & interrompu, on
entendoit neantmoins souuent de iour & de
nuict des voix harmonieuses dedans l'Eglise
qui chantoient comme s'il y eust eu nombre
de chantres , & par foix sembloient faire la
procession qui se fait dans vn temps d'orage,
où la passion dite & quelque suffrage chanté
deuant le grand Autel , on va du chœur descendre en la chappelle de S. Phalier pardeuant l'Autel de S. Sebastien , & par la chappelle de nostre Dame (où il y a vne autre Vicairie fondee) puis ayans fait la pose deuant
l'autel & le sepulchre dudit Sainct, on remon-
te vers le costé des susdites chappelles de la
Magdelaine & de S. Iean pour aller de l'Autel de S. Roch le long de la nef au costé de la
chappelle de S. Christophle ou de S. Iacques
iusques aux grandes portes, & faire le circuit
des fonts baptismaux , retournant vers le
chœur du costé de la chaire du Predicateur.

Cela obligea quelquesfois de faire ouuer-
ture des portes pour voir ce que c'estoit (car
notez qu'on n'entendoit point cette melodie
que lors qu'elles estoient fermees) mais in-

continent tout cessoit, & ne se trouuoit aucune personne dans toute l'Eglise : Ce qui faict
dire que c'estoit le glorieux sainct Phalier lequel y venoit encore faire le seruice diuin
auec ses freres, ou autres esprits bien-heureux au defaut des Prestres & Ecclesiastiques,
duquel defaut est venu ce prouerbe : L'an
1562. il n'estoit ny Prestre ny gueux : d'autant
que les Prestres n'osoient paroistre sinon en
habit deguisé, comme maintenant en Angle-
terre : & les gueux estoient tous à la guerre
pour piller & voler.

---

*Remarque de punition arriuee à ceux qui
emporterent les thresors de l'Eglise de
Chabrys, ayans aussi prophané & perdu les reliques de S. Phalier.*

CHAP. XXIX.

ON a remarqué en quelques vns qu'on a
pû recognoistre que ceux lesquels ont
rauy ce riche thresor de l'Eglise de Chabrys,
n'ont point prosperé depuis, & en sont allez
rendre conte à Dieu auant le bout de l'an,
qui est la punition ordinaire de ceux qui
estoient si temeraires que d'ouurir la chasse
de sainct Phalier sans la disposition & reuerence requise, comme racontent nos Anciens, aussi faut-il croire que ce mal arriua
à ces voleurs, non tant à cause du vol, que
principalement pour auoir prophané & perdu

les reliques de ce Sainct, dont ladite chasse estoit remplie, & desquelles il n'est plus resté à Chabrys qu'vn morceau du crane enuiron large comme la paulme de la main, qui se monstre aux festes solemnelles, enchassé dans vn reliquaire d'argent, dont Messire Claude de la Chastre, iadis Mareschal de France, à fait present, pour l'ornement de cette precieuse relique, estant venu rendre ses vœux à sainct Phalier en l'Eglise de Chabrys, accompagné de Madame la Mareschalle sa femme, laquelle du depuis tout le temps de sa vie, pour leur salut & prosperité, a tousiours enuoyé d'an en an de la maison fort distante de cinq lieuës faire deux neuuaines, faisant dire chacun iour d'icelles la Messe en la chappelle dudit Sainct, auec vne grande confiance en ses prieres & merites dont ils experimentoient la vertu : Et la deuotion qu'elle lui auoit là portee à faire expres exprimer dãs vn sien liure de prieres vne des Antiennes de son Office propre, auec vn verset, & l'oraison pour implorer chacun iour son suffrage.

Autres punitions arriuees à vn homme de Romorantin pour auoir tiré vn ossement du sepulchre de sainct Phalier, & à d'autres pour y auoir commis irreuerence.

CHAP. XXX.

OVtre cette pretieuse relique dont il est parlé au precedant chapitre, il demeura aussi

auſſi quelques petits oſſemens dans le ſepulchre de ſainct l'halier, qu'on ſouloit appli-
quer ſur les poſſedez pour leur deliurance,
dont vn habitant de la ville de Romorantin
en Sologne, lequel eſtoit venu par deuotion
en la chappelle du Sainct, curieux d'en auoir
quelque morceau, trouua moyen d'y paſſer la
main & en prit vn petit os qu'il penſoit em-
porter, mais eſtant au port il ne pût paſſer
l'eau, ſon cheual ne voulant pour tout effort
entrer dans le baſteau, & fut contraint, pen-
ſant à ſon larcin, de reporter cet oſſement où
il l'auoit pris, ce qu'ayant fait, il paſſa ſans aucune difficulté, allant par tout publiant ce
qui luy eſtoit arriué comme choſe merueil-
leuſe.

Depuis cela tous ces petits oſſemens eſtant
oſtez, le ſepulchre vuide ne laiſſe pas d'eſtre
en grande eſtime deuant Dieu à cauſe du pretieux gage lequel y a eſté enfermé, comme
on le void, en ce qu'vn Preſtre Vicaire du
lieu, deſireux de cognoiſtre s'il eſtoit de pareille grandeur qu'auoit eſté ſainct Phalier, ſe
coucha dedans tout de ſon long, d'où il ne
luy fut pas poſſible de ſe releuer, quelque effort qu'il fit durant vne longue eſpace de
temps, iuſques à ce qu'ayant recogneu ſa faute il en eut demãdé pardon à Dieu & au Sainct,
promettant de s'en confeſſer & en faire penitence, lequel ne le dit pas ſeulement en ſecret
à ſon confeſſeur, ains l'alla publiant à vn chacun qu'il rencontroit comme vne choſe mer-
ueilleuſe qui ne doit pas eſtre cachee.

G

De plus, vn exorciste ayant fait mettre dans iceluy sainct sepulchre, au iour finy vne femme possedee nommee Claude Morin veufue, qui estoit du mesme lieu, pour l'y laisser toute la nuict, pensoit que par ce moyen elle seroit tost deliuree du malin esprit, mais le bon homme ne regardoit pas l'irreuerence qu'il commettoit, laquelle on recogneut incontinent que cette femme fut couchee là dedans, car en mesme temps il se fit par toute l'Eglise vn si grand bruit & tintamarre, qu'il sembloit qu'on rompist toutes les portes, quoy qu'il ne se trouuast personne ny dedans dehors, & ne cessa iusques à ce que la femme eust esté mise hors de là, & cela se faisoit tousiours à chaque fois qu'on l'y pensoit remettre. Neantmoins nonobstant ce bruit ledit exorciste n'ayant autre pensee, sinon que c'estoient les demons qui vouloient secourir leur compagnon qu'on tourmentoit en cette femme, l'y laissa en fin bien liee & garottee, mais non pas si bien qu'on ne la trouuast le lendemain matin hors du sepulchre, & au milieu de la place faisant ses grimaces accoustumees, dont on fut bien estonné. Ce que ceux qui estoient presens pour seruir & assister ont affermé par serment estre veritable, particulierement vn nommé Iean Daine, gendre de ladite possedee, qui en fut sur tous horriblement espouuenté, & cela est arriué enuiron l'an mil six cens cinq ou six.

De plusieurs lieux où l'on reuere encore
quelques reliques du corps de S. Phalier.

CHAP. XXXI.

MAis quoy qu'il n'y ait plus de reliques
de sainct Phalier à Chabrys, sinon ce
que nous auons dit, ce n'est pas à dire pourtant que tout le reste soit perdu : car Dieu
mercy il s'en est encore conserué quelque
partie dans le Monastere de Glatigny, où
pour ce suiet, & principalement pour estre
situé dedans l'estenduë de la parroisse dudit
Chabrys, on fait feste & office de sainct Phalier, comme à l'Eglise parochiale. Desquelles
reliques Madame Françoise de la Chastre, fil-
le du susdit Seigneur Mareschal, tres-digne
Dame & Abbesse de Faremonstier en Brie,
Religieuse Professe dudit Glatigny, en a eu
vne assez bonne parcelle qu'elle a demandee
pour la deuotion qu'elle porte à ce Sainct, &
en a fait part depuis aux citoyens de Limoges qui luy en ont presenté requeste pour
estre reueree dans l'Eglise des Freres Prescheurs dudit Limoges, où il y a vn Autel
du mesme Sainct : Ce qu'a particulierement
procuré Madame Ieanne Françoise de la
Chastre, ancienne Baronne de Plas, niepce de
ladite Dame Abbesse, tellement pieuse & ani-
mee de deuotion enuers ce Sainct, qu'elle a
voulu elle-mesme auoir le bien & l'honneur

de porter icelle relique, à l'expofition de laquelle on a veu des merueilles qui feroient trop longues à reciter icy, mais particulierement vn petit enfant y eft venu offrir fa chemife en figne de fa guarifon miraculeufe, comme a efcrit le Reuerend Pere Prieur defdits Freres Prefcheurs, qui a expofé ladite relique, par l'ordonnance de Monfieur de Limoges, lequel y a faict affembler toutes les proceffions de la ville, où on a veu vne extraordinaire affluence de peuple, grand nombre de communians, & quantité de vœux qu'on y a rendu, & de plus, a ordonné qu'on en feroit fefte.

Madame l'Abbeffe de Beaumont a voulu auffi participer aux reliques de ce glorieux Sainct pour la grande deuotion qu'elle luy porte: Mais tant de parts font caufe qu'il y en a maintenant fort peu, où il y en auoit cy deuant beaucoup, & craignant que le tout ne vienne en fin à rien, ie croy qu'il eft bon deformais que chacun conferue ce qu'il a en fon entier.

De plus, il fe void en l'Eglife de Courtalin au Diocefe de Chartres, vn bel os du Sainct enchaffé dedans vn fort beau reliquaire d'argent doré: mais n'y ayant là Eglife, chappelle, ny Autel en fon nom, cela me faict penfer que peut eftre cette relique auec fon enchaffeure y a efté portee & laiffee pour quelque fomme d'argent par ces voleurs dont nous auons parlé, comme on a recogneu en certain lieu vne belle croix d'argent qu'on

porte en proceſſion, ſur laquelle eſt graué le
nom de ſainct Phalier qu'on a taſché d'effa-
cer, & iamais on n'a peu.

Comme le lieu de Chabrys s'eſt vn peu remis
apres tous ces rauages & incurſions de
guerre, & la deuotion en Sainct Phalier
qui va continuant & augmentant.

CHAP. XXXII.

IL n'y a point de doute que ces incurſions
& pilleries de guerre ont cauſé de grandes
pertes, & qui pis eſt, beaucoop de réfroidiſ-
ſement en cette extreme ardeur de deuotion
qu'on auoit anciennement en ce grãd Sainct,
comme vn mal en attire touſiours vn autre, *Pſ 41.b.8.*
neantmoins depuis cela le lieu de Chabrys
eſtant bien conſerué par le pouuoir & authorité de ceux qui en ont la domination, n'ayant
beſoin que de ſon exemption de tailles, s'eſt
encore repeuplé autant que deuant (quoy
qu'il y a bien à dire que ce ſoit auec autant de
ſplendeur : car en cette valee de miſeres il ſe
rencontre touſiours quelque eſpine qui retient le pauure peuple abbatu quand il penſe
ſe releuer) & les benefices du Ciel y conti-
nuans enuers ceux qui ont de la confiance au
merite du Sainct, chacun qui ſe void en quelque infirmité y a incontinent recours pour receuoir ſanté & guariſon, & notamment on y
amene touſiours quantité d'enfans detenus

de langueur, si bien que l'experience iourna-
liere des graces & faueurs qu'on en reçoit
fait dire à ceux qui l'experimentent que c'est
vn fort bon voyage. Et la foy & deuotion
qu'on a enuers ce Sainct est telle; que quand
les habitans dudit Chabrys vont quelque
part en procession dans les chemins, & aux
lieux où ils passent on y apporte les petits enfans languissans pour les recommander à ses
prieres, pratiquant comme par deuotion pro-
uenuë du temps auquel on auoit la chasse de
sainct Phalier lors qu'on la porte en procession, où il se rencontroit vne merueilleuse
foule de peuple pour passer dessous, la toucher & venerer, & en receuoir quelque grace
du Ciel en faueur du Sainct, comme plusieurs
en auoient l'experience.

La deuotion en sainct Phalier és lieux es-loignez de Chabrys.

CHAP. XXXIII.

Q Velquesfois les habitans de Chabrys
vont en procession à Montrichard en
Touraine, quoy que distant de neuf lieuës, demy chemin de Tours, où c'est chose admirable de voir les habitans de ce lieu sortir de
leurs maisons, & venir à la foule au deuant,
portans leurs petits enfans malades ou non,
& se font tellement la presse à pratiquer la
deuotion cy deuant dite pour leur prosperité
& bon succez, qu'on est souuent contraint de

faire arrester la procession pour satisfaire à
leur deuotion, & par ainsi l'on demeure vne
fort longue espace de temps à trauerser la
ville pour aller a l'Eglise appellee Nostre-
Dame de Nantueil, qui est vn peu au delà du
Fauxbourg où se termine leur vœu.

De plus, c'est à qui aura le bouquet de la
croix tout fané apporté de Chabrys, pour
auoir experimenté que l'ayant posé sur des
malades ils ont obtenu guarison : ce que i'es-
cris comme tesmoin oculaire, ayant assisté
plusieurs fois à icelle procession.

Ceux du costé de l'Orient n'y ont pas
moins de deuotion que de l'Occident, particulierement les habitans de Vierzon, qui est
à huict lieuës de Chabrys, demy chemin de
Bourges, lesquels sur tous autres ont cousta-
me de venir au sepulchre de sainct Phalier en
l'Eglise dudit Chabrys. & ne manquent point
d'y voüer leurs petits enfans aussi tost qu'ils
sont oppressez de la maladie de langueur, es-
lisant communément les premiers Dimanches des mois pour venir accomplir leurs
vœux, ausquels iours principalement on en
void tousiours quantité, soit de Vierzon ou
d'ailleurs, mais ceux-là sur tous ont vne telle
creance au merite de ce Sainct, qu'vne fois
sçachans qu'on faisoit dans leur ville vne
Image pour le representer en sa petite chappelle de Chabrys, ils n'eurent quasi pas la patience d'attendre qu'elle fust acheuee, qu'ils
alloient chez le Sculpteur presenter leurs
prieres à Dieu & au Sainct deuant icelles, y

portans leurs petits enfans malades de langueur qui en ont receu guarison, comme ils
l'ont tesmoigné à ceux qui allerent querir l'I-
mage. Et dans l'Abbaye dudit Vierzon, laquelle est de l'Ordre de sainct Benoist: on so-
lemnise la memoire du Sainct, annonçant sa
feste au Martyrologe en ces mots: *In territorio,
Biturico, in pago nomine Carobrya, depositio sancti
Phaletri Confessoris.*

---

*Comme generalement de tous les lieux du
circuit on va en deuotion à S. Phalier, &
pour toute sorte de maladie.*

CHAP. XXXIV.

ON n'auroit iamais faict qui voudroit
tout particulariser, & ie fais tort à tous
autres qui ont le mesme zele que ceux dont
i'ay parlé, soit de Romorantin, Selles, S. Ai-
gnan, Valançay, Vastan, Graçay, Ville-fran-
che, ou autres villes, bourgs, villages & hameaux, de toute l'estenduë du circuit: car en
vn mot, & de l'Orient & de l'Occident & du
Midy, & du Septentrion, & generalement de
tous les costez on a recours & deuotion à ce
grand amy de Dieu, & pour toute sorte de
maladies, dont i'en pourrois donner quantité
d'exemples: mais il en faudroit vn liure à part,
& pour éuiter la prolixité, afin de finir bien
tost ce discours, ie me contenteray de deux
aduenus en diuers temps.

Vn

Vn nommé Nicolas Ourry, de la parroiſſe de Marſilly en Gaule, ayant vn fils deſia fort aduancé en aage, qui neantmoins ne pouuoit parler ny marcher, le mena à Chabrys les feſtes de la Pentecoſtes, l'an 1622. où il n'eut pas pluſtoſt fait ſes deuotions en la chappelle du Sainct que l'enfant chemina & parla.

Enuiron la fin de l'an 1638. le petit enfant de Maiſtre Deniau Receueur & Procureur Fiſcal de la Baronnie de la maiſon Fort, eſtant en telle extremité de maladie 'qu'on l'eſtimoit ſur le poinct de rendre l'eſprit tout à l'heure, ſe remit auſſi toſt que ſa mere ſe fut aduiſée de le voüer à ſainct Phalier, promettant de le porter à Chabrys le prochain iour de ſa feſte auec vne belle nappe pour en faire preſent à l'autel du Sainct ſi l'enfant guariſſoit, comme il eſt arriué, & s'eſt bien porté depuis, comme nous ont teſmoigné perſonnes dignes de foy qui ont veu la verité de ce recit.

Il y en a de tous recens qui ſeront pour vne autre occaſion, vn neantmoins fort euident depuis peu, m'ayant eſté enuoyé par eſcrit comme ie l'auois demandé, il ne ſera pas hors de propos de l'inſerer encore icy ; C'eſt que l'an 1641. il vint vn Maiſtre d'Eſcole de Romorantin demeurer à Chabrys, lequel auoit ſa femme tellement percluſe de ſes membres, qu'elle ne pouuoit aucunement s'ayder, & outre qu'elle alloit auec deux potences, le plus ſouuent il la falloit auſſi porter : mais ayans veu les merueilles que Dieu

H

operoit par les merites de sainct Phalier, ils
luy firent soudain leur vœu, & l'accomplirent
incontinent faisans vne neuuaine, au dernier
iour de laquelle ils firent dire vne Messe en
sa chappelle sous terre, où cette femme fut
portee & deualee auec grande peine, dont il
arriua qu'à la fin de la Messe elle sentit vn si
grand allegement qu'elle remonta elle-mesme les marches sans aucune ayde, à la veuë de
tous ceux qui estoient là presens, ayant laissé
ses potences dans ladite chappelle qui y sont
demeurees pour marque de sa guarison, &
c'est tousiours bien portee depuis, ce qui m'a
encore esté confirmé de visue voix par vn
nommé Iulien Brissemoret, qui lors estoit
Marguillier de l'Eglise.

De plusieurs Eglises, Chappelles & Autels
dediez à l'honneur de sainct Phalier
en diuers endroits.

Chap. XXXV.

OVtre Chabrys il y a quantité d'autres
lieux dediez & consacrez à Dieu au
nom de sainct Phalier, à sçauoir, la parroisse
de sainct Phalier de Graçay, & vne autre à
vne lieuë de Leuroux, le tout dans le mesme
Berry. Vne chappelle à Argent en Solongne
à deux lieuës d'Aubigny.

De plus, il y a le Prieuré de sainct Phalier
tout proche la ville d'Orleans, au village ou

fauxbourg de sainct Marc, lequel Prieuré depend de sainct Benoist sur Loire, on en faict
office le iour de sa feste auec solemnité.
Vne chappelle proche de Boigency, dans le
Diocese dudit Orleans, qu'on nomme la
chappelle de sainct Phalier de Chabrys, où il
se fait au mois de Iuillet vne belle assemblee
de peuple qui y va en deuotion. Et i'ay appris
de bonne part que dans le mesme Diocese
sont encore plusieurs autres tels edifices consacrez au nom de ce Sainct, voire des Eglises
parrochiales, & outre cela quelques autels à
part en beaucoup d'Eglises ; mais d'autant
qu'on ne me les a pas specifiez, sinon l'Eglise
d'Aleine à vne lieuë d'Yenuile, dix d'Orleans sur le grand chemin de Poissy, que i'ay
sçeu depuis du reste, ie n'en puis aussi parler
qu'en general, & passant cette contree pour
aller plus outre, ie vous feray encore voir entre la ville d'Estempes & Lardy, sur le chemin de Paris, vne chappelle du nom de sainct
Phalier qui depend de Maurigny Prieuré de
sainct Benoist, en laquelle se chante & celebre tous les Vendredis vne Messe fondee en
son honneur. Et les habitans de ce lieu tien-
nent par vne ancienne tradition qu'il s'est ar-
resté & reposé en cette place, faisant ses
voyages. En tous lesquels lieux de deuotion,
sans quelques autres de diuerses contrees que
ie laisse encore pour n'en estre assez bien informé, l'on a recours au Sainct dans les necessitez, & particulierement pour le faict de
ces petits enfans, ce qui denote la grande

Cela de-
monstre
que ce
Sainct a
encore
bien faict
d'autres
voyages
qui ne
sont pas
cy deuant

H ij

pureté & innocence dont il estoit doüé, & au moyen de laquelle il a merité cette particuliere faueur de Dieu pour le biē des mortels.

Merueille depuis quelque peu de temps aduenuë par les merites de sainct Phalier, à l'endroit d'vn bourgeois de Limoges malade à l'extremité, & de plusieurs autres en suitte.

CHAP. XXXVI.

POur bien couronner nostre œuure ne faut pas laisser en arriere ce qui est arriué depuis enuiron le commencement de l'annee 1637. & de là ensuiuant dans Limoges, lieu de la naissance de nostre Sainct, qu'il abandonna durant sa vie, pour fuir l'estime, les richesses & les honneurs : mais apres cette vie mortelle, n'y ayant plus de danger pour luy, il y retourne visiter ses bons compatriotes: Vn fameux & riche bourgeois de ladite ville, grand homme de bien, appellé Monsieur du Bois, & sieur de Chamboursac, detenu en extremité de maladie, dont il deuoit passer de cette vie en l'autre au iugement d'vn chacun, aussi bien que de tous les Medecins, ayant esté voüé & recommandé à sainct Phalier par vn bon Religieux de l'Ordre des Freres Prescheurs, qui luy mit dans les mains vne image dudit Sainct, où il est representé ressuscitant Lorien, fut incontinent guary au grand

estonnement d'vn chacûn, & tost apres en
action de graces, a faict dresser & dedier vn
Autel au nom du Sainct dans l'Eglise desdits
Freres Prescheurs dudit Limoges, où il y a
grande deuotions'y faisant souuent des merueilles en faueur, des merites de sainct Phalier enuers ceux qui le reclament.

Entr'autres vne honneste Dame nommee
Anne Dalesme, femme d'honorable homme
Maistre Henry Pallais, Iuge de la cité, apres
vn long & si rude trauail d'enfantemét qu'on
n'en esperoit que la mort, tant de la mere que
de l'enfant, fut neantmoins heureusement
deliuree à mesme instant que Maistre Iean
Pallais Prestre Curé de Nueil son beau-fre-
re, s'aduisa de la recommander aux prieres de
sainct Phalier, faisant vn vœu pour elle au
susdit Autel, & rendit son fruict vif, qui fut
nommé au baptesme Pierre Pallais, le huictiesme de Septembre 1638.

De plus, l'an suiuant 1638. le 22. de Mars,
l'enfant d'vn nommé Pierre Adam Tailleur
d'habits demeurant au fauxbourg de Magni-
ne, lequel on tenoit tellement pour mort,
qu'on preparoit sa sepulture, commença à se
remettre dans le propos qu'on eut de luy faire dire vne Messe audit autel de sainct Phalier, prit incontinent le tetin de sa mere, &
fut entierement guary, & tenu pour ressusci-
é par ceux qui le croyoient mort.

Ces merueilles ont esté auerees & atte-
ees par deuant Monsieur Bandel Official
e Limoges, Docteur en Theologie de la Fa-

culté de Paris, & Societé de Sorbonne, lequel en a concedé les actes qu'il a signez &
fait signer & sceeller du sceau de l'Euesque,
où le tout est plus amplement declaré.

Dauantage la diuine Majesté continuant
ses graces en faueur de son grand fauory: vn
autre digne Curé du mesme païs appellé
Monsieur Décordes, a depuis attesté par ses
lettres & son sing, qu'estant pressé d'vne affaire de tres grande consequence, & en desespoir d'en venir à bout, d'autant que sa partie aduerse estoit vn homme resolu & fort
difficile, ayant inuoqué l'ayde de ce grand
Sainct, & fait vn vœu d'offrir quelque chose
à sa memoire, le lendemain il vint à bout de
son affaire auec vne facilité incroyable, trouuant la personne disposee à tout ce qu'il desiroit : Et dans vne occasion qui regarde encore l'honneur de nostre Sainct, vn autre signe ainsi. Bernard Preuost estudiant en Phi-
losophie audit Limoges, pour auoir receu
guarison par l'intercession de sainct Phalier.
Sans parler de beaucoup d'autres qui signent
de mesme, pour leur esgard, ou de ceux qui
leur appartiennent, que ie laisse à cause de
brieueté.

Ces benefices & tant d'autres, excitent &
enflamment iournellement la deuotion d'vn
chacun, & incitent à dresser des tableaux du
Sainct en plusieurs Eglises, & eriger encor
de nouueaux autels, & des confrairies à son
honneur où Dieu est loué & glorifié en son
Sainct.

De la Feste & solemnité de S. Phalier.

CHAP. XXXVII.

L A feste de sainct Phalier se celebre deux
fois l'annee, à sçauoir le 20. iour de Nouembre, & le 12. d'Aoust, auquel principalement à cause de la saison, il vient plus grand
nombre de personnes à son sainct sepulchre
des lieux circonuoisins, processionnellement
& autrement, c'est pourquoy aussi la feste est
plus solemnelle auec son octaue, quoy que
l'autre soit le iour de sa naissance dans le
Ciel, & celle-cy seulement la Translation de
ses os. Et la coustume d'y venir aussi particulierement tous les premiers Dimanches des
mois, auec le Lundy de la Pentecoste, auquel
on y vient en procession, semble luy vouloir
encore donner quelque solemnité particuliere en tous ces iours là , laquelle coustume
vient d'antiquité, car nos anciens souloient
nous raconter que deuant ces miseres arriuees, comme dit est, il venoit si grande affluence de pelerins iceux iours, qu'on auoit
bien de la difficulté à passer dans les ruës, à
cause du grãd embaras de peuple & des chars
& cariolles de ceux qui venoient en deuotion pour honorer S. Phalier, & implorer son
ayde, y amenans leurs trains & familles. Et la
necessité qui n'admet point de loy, outre cela
en fait encore venir tous les iours.

Quelle profession de vie tenoit sainct
Phalier à Chabrys.

CHAP. XXXVIII.

NOus sommes bien asseurez que sainct
Phalier estoit Prestre , puis qu'il receut
l'Ordre estant en Auuergne : mais d'autant
qu'il auoit vne compagnie de freres, on pourroit douter s'il ne fit point profession de quelque ordre de Religion, principalement estant
dit qu'apres sa mort ses freres s'estans aug-
mentez, il leur fut fait vn plus ample Monastere, duquel en verité nous auons parlé, auós
encore veu de nostre temps la forme du cloi-
stre, nonobstant le changement qui en a esté
faict , ainsi que nous auons dit au 21. chap.&
iusques à present l'on void les portes murees
par lesquelles on alloit du Conuent dans l'E-
glise par la chappelle de S. Iean ; qui fait la
cloison de l'Eglise du costé du Midy.

Dauantage, vn des anciens qui nous ont
couché sa vie par escrit : commence ainsi :
Religioforum vita virorum Et dans l'Antienne
de Magnificat des premieres Vespres de son
Office propre, au lieu qu'il y a maintenant,
*Iuftorum norma virorum,*il y auoit anciennemét
Cunctorum dux Monachorum. Mais ie croy que
cela se doit entendre que sa vie estoit telle
qu'elle pouuoit estre vn modele de perfection
à toute sorte de Religieux : & quand l'on dit,

                                              voila

voila vn homme grandement Religieux, ce n'eſt pas à dire qu'il le ſoit de profeſſion, ains qu'il vit auec grande retenuë, & comme vn bon Religieux.

De plus, encore il ya quelque temps qu'il me fut enuoyé d'Orleans vn petit memoire, dans lequel eſtoit eſcrit qu'on auoit trouué dans les vieils papiers du Prieuré de ſainct Phalier dudit Orleans, qu'à Selles il y auoit encore des Religieux qui tenoient l'Ordre ou la Reigle que ſainct Phalier leur auoit laiſſee, où il faut qu'on prenne Selles pour Chabrys, ou que ſes Freres ayans quitté Chabrys ſoient allez demeurer auec les Religieux de Selles qui eſtoient lors de ſainct Benoiſt, y faiſans profeſſion, comme ayans la meſme Reigle : car il eſt à croire que ſainct Phalier s'eſt ſeruy de la Reigle de ſainct Benoiſt pour regir iceux freres, d'autant que pluſieurs lieux conſacrez à Dieu en ſon nom, ſont dependans des maiſons de S. Benoiſt.

Autre memoire m'a eſté enuoyé de Bourges, qui contenoit que dans quelques regiſtres appartenans au droit de viſite, on trouue que ſainct Phalier a mené vie d'hermite aux confins du Berry où eſt Chabrys, ce qui peut eſtre dit à cauſe que c'eſtoit vn deſert. Auſſi de la façon qu'il viuoit on peut bien dire qu'il menoit vne vie, non ſeulement de Religieux, mais encore d'Hermite. Neantmoins on ne le depeint pas comme tel, mais comme Preſtre ſeculier la chaſuble ſur le dos ſans capuce, ou la ſoutane auec l'equipage de pele-

I

rin. Il est bien vray qu'il estoit Prestre & pelerin auant que d'estre à Chabrys, & a pû depuis se faire Religieux ou Hermite, mais tāt y
a pour conclusion qu'on ne tient pas qu'il ait
fait profession de l'vn ny de l'autre, ains qu'il
n'estoit que simple Prestre, & que sa compagnie de freres estoit vne congregation de
Prestres seculiers, qui viuoient neantmoins
sous vne reigle comme Religieux, laquelle
cōgregation on croit n'auoir pas long-temps
persisté, puis que nous ne trouuons aucun autre qui l'ait gouuernee apres sainct Phalier,
sinon Dieu-donné qu'il ordonna en sa place,
ou bien on ne l'a pas mis par escrit dont
nous ayons cognoissance.

Du temps auquel viuoit S. Phalier.

CHAP. XXXIX.

POur ce qui est du temps de sainct Phalier
nous n'en auons rien trouué de certain. Ie
diray bien qu'vne personne religieuse de
mes amis m'a asseuré par lettres auoir leu dedans la vie de sainct Eusice Abbé de Selles,
que nostre Sainct luy donna sa celle, d'où il
faudroit inferer qu'il seroit de son temps, à
sçauoir, dans le regne du Roy Childebert fils
du Roy Clouis, lequel l'alla voir en passant
pour se recommander à ses prieres, allant
combattre contre les Gots. Et à cela s'accor-
deroit vne certaine tradition du commun

peuple de l'vne & de l'autre part, lequel va
racontant que ces deux saincts faisans en mesme temps chacun sa chappelle, l'vn à Selles,
l'autre à Chabrys, quoy que distans de deux
petites lieuës, se lançoient miraculeusement
les outils l'vn à l'autre à mesure qu'ils en
auoient besoin. Mais ie ne trouue point de
Pape Estienne de ce temps-là, comme il y en
auoit vn au retour du voyage de sainct Phalier, le premier ayant esté long-temps deuant,
& le second qui a esté depuis a vescu si peu de
iours, qu'aucuns ne le mettent pas au nombre des Papes: Partāt si nous venons à Estienne troisiesme, il faudra conclure que S. Phalier n'est decedé au plustost qu'enuiron l'an
sept cens quatre vingts dix, ayant vescu soixante ans, veu que ce Pape icy n'a tenu le
sainct Siege de Rome que depuis l'an sept
cens cinquante deux, iusques à l'an sept cens
cinquante sept, ainsi que nous trouuons dans
la Chronologie de Gaultier, & autres Autheurs anciens & modernes. Mais ie m'en
rapporte à ce qui s'en pourra trouuer de plus
certain pour le temps que nous recherchons,
quoy qu'il en soit, ce n'est pas le principal
poinct où nous deuons porter nostre curiosi-
té, ains à considerer les vertus & la vie exemplaire de ce Sainct, afin de l'imiter en ce que
nous pouuons & deuons, particulierement en
ce grand sentiment de l'amour & seruice de
Dieu, qui luy causoit vn grand mespris de soy-
mesme, & de tous les biens & honneurs de la
terre, qui sont cause de tous les maux qui s'y

commettent, & de la perte d'vne infinité d'a-
mes : aussi n'auoit-il autre soucy que de bien
seruir cette diuine Majesté, ce qui le faisoit
ainsi reluire & esclater en toutes vertus &
bonnes œuures, comme vn brillant Soleil ye-
rifiant ce qui est escrit en sainct Matthieu, à
sçauoir, *Que les iustes resplendirent comme le So-*
leil en cette vie, au moyen du lustre & de l'esclat de
leurs vertus & sainctes operations, & en l'autre
dãs la gloire qui leur sera toute particuliere. Sainct
Augustin dit qu'il faut imiter les Saincts
pour auoir les biens eternels apres cette vie,
& que ceux qui ne les veulent imiter en ce
qui leur est possible, ne pourront aussi iamais
paruenir à leur beatitude.

Matth.
23. f. 43.

Serm. 47.
de Sanct.

Apostrophe pour faire la fin.

C H A P. XL.

R
Eceuez donc à cette fin, vous particulierement Messieurs du Berry, où ce Sainct
a esté enuoyé de Dieu, & sur tous, vous mes
chers compatriotes habitans de Chabrys, qui
en est le lieu specialemẽt destiné à ses miracles.
Receuez (dis-je) ce que i'ay peu colliger de
la vie & des merueilles de ce nostre glorieux
Patron & protecteur enuers Dieu, c'est à
vous principalement & à moy, à suiure ce
modele de vertus. Les troubles & rauages
des guerres nous en ont entrainé beaucoup
de choses qui nous feroient bien besoin, ne-

antmoins faut loüer Dieu de ce peu qui nous
en a encore esté conserué. I'ay fait rencontre
de plusieurs anciens escrits prouenus de diuers Autheurs Latins dignes de foy , & tous
bien conformes , auec les leçons & l'Office
propre qui a esté nouuellement corrigé &
approuué par les Docteurs de Sorbonne , &
par Monseigneur le Reuerendissime & Illu-
strissime Messire Roland Hebert Archeuef-
que de Bourges, dernier decedé , d'heureuse
memoire, comme vous pouuez voir dans les
cahiers qui en ont esté imprimez. Si ie n'ay
assez bien faict cela n'empeschera pas que
d'autres ne facent mieux cy apres.

Vous serez aussi aduertis que l'an 1634. on
a inseré vn abregé de la vie du Sainct en la
nouuelle impression de la Legende des SS.
de Ribadeneira, augmentee par Monsieur du
Val Docteur & Professeur du Roy en Theologie: & depuis dans le Martyrologe des SS.
de France de Monsieur du Saussay Curé de
S. Leu S. Gilles à Paris, au secõd Tome, le 23.
de Nouembre: Et i'espere que Dieu excitera
encore des esprits pour d'autant plus dilater
la memoire & la loüange de ce glorieux
Sainct nostre Aduocat enuers la diuine Majesté , par la description de sa vie qui seruira
de guide & conduitte aux Lecteurs d'icelle,
pour aller droict au port asseuré de la felicité
Eternelle. Dieu le veille par sa saincte grace,
pour y estre glorifié en son Sainct.

Loüez Dieu en ses Saincts.   Psal. 150.

PRATIQVE POVR

BIEN IMITER S. PHALIER,
& tirer fruict de cette lecture.

Prologue, & premier Paragraphe.

L faut donc nous façonner à ce riche modele de perfection, en le grauant profondément dans nos cœurs, & sur tous nos comporte-mens, pour nous rendre dignes d'estre receus & admis au rang des predesti-nez, où il faut estre rendu conforme à l'Image du Fils de Dieu, comme dit sainct Paul: Mais d'autant que, peut estre, l'on penseroit que ce n'est qu'vn paradoxe de proposer à suiure & imiter vn tel exemplaire de saincteté, il est besoin d'en donner l'intelligence: car il est bien vray que ce portraict est si sublime qu'il peut faire perdre courage tout du premier coup: & comme Moyse, vous n'oserez ap-procher de ce buisson ardent, si est-ce pour-tant que ce grand Maistre qui l'a formé tel, veut & entend qu'en effet, ceux à qui il l'a donné pour Patron y forment tous les traicts & lineamens de leur homme interieur & ex-terieur. Mais ayez bon courage, puis que

Rom. 8.
c. 29.

Exod 3.
&. 5.

Dieu vous donne vn tel Sainct à imiter, c'est
signe qu'il ne veut pas que vous soyez des
moindres dans le Ciel, & ie vous veux intro-
duire vne personne qui vous en facilitera l'accez. Et ne pensez pas que i'entende que vous
imitiez tout ce qu'il a pratiqué, ains seulement ce que vous pouuez & deuez pour faire
vostre salut.

La personne que ie vous propose pour
vous ayder en cette entreprise si necessaire &
aduantageuse, est le bon Lerien disciple de
sainct Phaliet, surnommé Dieu-donné, pour
vous apprendre que le tout vient de la part
de Dieu mesme. Mais pour bien entendre
tout ce discours il sera bon de reuoir le neu-
fielme Chapitre, au cas que vous ne soyez assez memoratif de ce dont vous y auez esté en-
tretenus. Le mauuais Riche demandoit que *Luc. 16.*
quelqu'vn de l'autre monde allast à ses freres *f. 24.*
pour les informer de ses tourmens, afin de les
porter à la crainte de Dieu, les retenir en leur
deuoir, & par ce moyen les empescher de
tomber dans les mesmes peines où il estoit.
Ce bon Lerien icy en est venu, c'est pourquoy
il vous informera si bien de tout ce qui sera
necessaire & vtile à vostre salut, qu'il ne tiendra qu'à vous que vous n'éuitiez comme luy
les peines eternelles pour arriuer où est par- *Osee. 14.*
uenu sainct Phalier. Aussi est-il selon son *b. 9.*
nom Dieu-Donné, pour cet effet ayant charge de luy à ce qu'il gouuerne & instruise
ceux qu'il a laissez apres sa mort en ce lieu, où
vous deuez estre ses imitateurs, quiconques

auez le bon heur d'y demeurer, escoutez-le
donc auec attention.

De la crainte de Dieu.   §. 2.

Pf. 110. b.
10.
Ecclef. 1.
à. 16.

EN premier inftant, comme la crainte de
Dieu eft le commencement de fageffe;
auffi ce bon directeur vous aduertit qu'ayez
vne grande apprehenfion du mal qu'apporte
le peché, & principalement le peché mortel,
confiderant en vous-mefme cette effroyable
hiftoire de Lerien, comme fi vos ames, quit-
tans leurs corps; eftoient fur le poinct d'eftre
mifes en la puiffance des demons pour les em-
porter aux tourmens infernaux, ainfi que celle
laquelle vous y entendez crier, ce qui peut arriuer tout maintenant par vne mort fubite, a
quiconque feroit entaché de ce maudit peché.

Matt. 24.
à. 42.

Et que cette crainte falutaire vous faffe continuellement tenir fur vos gardes, à toute heure

Matt. 10.
à. 18.

inuocquer l'affiftance du Ciel, & fans delay
recourir au remede dans la neceffité, fuyant
ce dangereux bafilic plus que tous les ferpês
& toutes les peftes du monde. Et confiderez
que fi cette ame de Lerien n'euft appellé S.
Phalier à fon ayde tout à l'heure qu'il failloit,
elle feroit maintenant pour iamais dans les
tourmens de l'enfer, au lieu qu'elle eft dans le

Tour. 9.
à. 4.

Ciel auec fon liberateur. Encore faut-il bien
fe garder d'attendre cette heure là, car il ne
feroit plus temps pour vous ny pour moy. Et
que les ieunes debauschez ne fe flattét point,
prenans

prenans excuſe ſur leur ieuneſſe, car Lerien
eſtoit vn ieune homme qui pour cela n'euſt
pas laiſſé d'encourir le malheur eternel
ſans cette bonne rencontre qu'il eut, laquelle n'eſt pas commune à tous. Auſſi faut-il
que la funeſte ſortie de cette ame vous face
faire quelque ſaillie hors de vous meſmes, &
penſer ſi vous eſtiez dans vn pareil inconue-
nient ſans aucun ſecours, quel regret vous auriez de n'auoir ſuiuy le bon conſeil de ſainct
Paul qui nous admoneſte de bien faire pendant que nous en auons le temps. Combien
de ſoulpirs & de ſanglots vous ietteriez, vous
voyans portez ſur vn braſier pour y eſtre
grillez, non mille, deux mille, voire cent mille ans, ains pour vn iamais, qui n'a point de
bout: car en enfer il n'y a aucune redemption,
comme chante l'Egliſe noſtre Mere. C'eſt
pourquoy reuenant à vous, penſez que, Dieu
mercy, vous n'eſtes pas encore dans ce malheur, mais qu'il ne faut qu'vn moment pour
vous y precipiter. Et penſez y ſi bien que cela vous mette dans vne ferme reſolution de
faire ce que vous voudriez auoir fait, ſi vous
eſtiez dans ces tourmens pour bien vous employer à faire la volõté de Dieu tout le temps
de voſtre vie. Viure en ſon amour & crainte,
vous deſtacher de toutes affections charnel-
les, vitieuſes & mauuaiſes, d'enuie, de rancu-
ne, inimitié, & tout autre choſe qui vous met
hors de la grace de Dieu.

Ainſi faut eſtre en la terre ſaincte comme
eſtoit Lerien, quand ſainct Phalier l'a retiré

K

Luc. 8. b. 15.

du precipice. Ie veux dire qu'il faut auoir la terre de nos cœurs bien disposee à receuoir les graces du Ciel pour les faire fructifier, & suiure sainct Phalier viateur & pelerin, c'est à dire, imiter ceux lesquels ont bien faict, & font bien en cette vie, qui n'est qu'vn pelerinage : car comme dit ce grand Vaisseau d'élection, Nous n'auons point icy de cité permanente, ains en recherchons vne à venir, sçauoir est, la Ierusalem celeste, qui est la demeure des bien-heureux.

Hebr. 13. c. 14.

Quelle doit estre la crainte de Dieu. §. 3.

IE vous diray bien que le principal motif dont sainct Phalier s'est seruy durant sa vie pour se porter au seruice de Dieu, a esté l'amour, & non pas la crainte, ayant cette parfaite charité, qui selon ce que dit sainct Iean l'Euangeliste, chasse la crainte. Mais ce n'est pas à dire que les plus grands Saincts mesmes n'ayent de la crainte de Dieu, car il en faut tous auoir. *Timete Dominum omnes sancti eius.* Les puissances des Cieux mesmes tremblent deuant luy, chante la saincte Eglise. Et Iob dit que les colomnes du Ciel s'esmeuuent au seul signal que Dieu faict. Pourquoy donc les mortels ne craindroient-ils pas? Mais cette crainte qu'ont les Saincts, & que nous deuons tous auoir comme enfans de Dieu, est vne crainte de fils, & non pas de seruiteur ou d'esclaue, c'est vne crainte qui pro-

1. Ioan. 4. d. 18.

Ps. 33. b. 10.

Tremunt potestates.

Iob. 26. c. 11.

Matth. 6. b. 9.

ce le de l'amour, & du grand respect qu'on porte à cette diuine Majesté, crainte filiale & reuerenciale, crainte de luy desplaire & de l'offencer en quoy que ce soit, à cause de son immense bonté, grandeur & puissance infinie. Aussi vous serez aduertis que la crainte seruile, quoy que bonne, quand elle nous excite à fuir le mal & suiure le bien, ne doit neantmoins pas estre seule. Ie veux dire qu'il ne faut pas seulement bien seruir Dieu, & obeir à ses sainctes volontez par crainte de perdre le Paradis, ou de tomber en enfer : car cela tout seul ne merite rien pour le Ciel, puis qu'il nous est commandé d'aymer Dieu. Et qui n'ayme, c'est à dire, Dieu sur toute chose, & le prochain comme soy-mesme, demeure en la mort, dit sainct Iean : Il est pourtant bon & souuent necessaire de se seruir aussi de cette crainte seruile, quãd l'amour duquel vient la crainte filiale n'est pas assez fort, & à mesure qu'il est foible en nous, ainsi auons nous besoin d'icelle, & celuy là seroit trop presomptueux & temeraire qui penseroit autrement de sa personne, car en cela il s'estimeroit plus parfait que les Saincts mesmes qui s'en sont grandement seruis, meditans souuent ou les iugemens de Dieu, ou les peines de Purgatoire & des damnez. Particulierement le grand sainct Hierosme ne disoit-il pas qu'il luy sembloit continuellement retentir à ses oreilles cette trompette qui sonnera. Leuez-vous morts, venez au iugement ? Vn fils, bien qu'il ayme son pere, & crains naturellement

Apocal. 7. c. 10. &c.

Rom. 11. d. 33.

Deut. 6. a. 5.
Mat. 22. d. 37.
Marc. 11. c. 30.
Luc. 10. c. 27.
1. Ioan. 3. c. 14.

Matt. 24. c. 31.
1. Cor. 15. 9. 52.

de l'offencer pour l'amour & le respect qu'il
luy porte, neantmoins s'il ne craignoit aussi
son chastiment il se porteroit souuent au mal,
duquel il se donne de garde au moyen de cette apprehension: Cependant il y aura de cer-
taines personnes, peut estre vn peu deuotes
en apparence, qui feront tant les releuees,
pensans estre desia rauies iusques au troisiesme ciel comme sainct Paul, qu'elles oseront
bien mespriser cela, & diront que c'est vne
chose trop basse pour des personnes spiri-
tuelles, & neantmoins elles ont bien besoin
de prendre garde qu'en cela mesme, sans
beaucoup d'autres manquemens qu'elles ne
considerent pas, elles donnent sujet à la Iustice de Dieu, par leur ambition & bonne
estime de soy mesme, de les rendre compa-
gnes de Lucifer en ses supplices comme elles commencent à l'estre desia de son orgueil.
Mais en verité ne se faut seruir de cette crainte, que comme dame seruante à la crainte filiale, & faire en sorte autant qu'il sera possible de les ioindre si bien ensemble, que des
deux il ne s'en fasse qu'vne, apprehendant
les iugemens de Dieu, & la punition qui s'en
ensuit, non point à cause de la peine, ains seulement à cause que par nos pechez nous des-
plaisons à Dieu, & luy donnons sujet de s'ir-
riter si fort contre nous qu'il soit contraint de
nous punir & chastier si rigoureusement contre son gré, donnant à entendre luy-mesme
dans Ezechiel en auoir vn grand desplaisir,
& de plus à cause qu'en enfer, au lieu de loüer

Prou. 13.
d. 14.

2. Cor. 12.
a. 2.

Isa. 14.
r. 14. 15.

Ezech. 18.
a. 33.

Dieu, on ne fait que blafphemer contre luy
pour les horribles tourmens qu'on y fouffre.
Ainfi faifant ce ne fera qu'amour, & euitant
le peché en cette maniere, ne faut pas douter
qu'on n'euite par côfequent la peine, & qu'on
ne foit tres-bien receu dans le Paradis, ou l'on
ne fait eftat que d'amour & charité, fans qu'il
y ait plus fujet de craindre, d'autant qu'on y
eft affeuré de poffeder Dieu eternellement,
mais nous n'y fommes pas encore, voyons ce
beau miroir, & apres lauons toutes les taches
de noftre confcience, qui nous empefchent
d'y auoir accez.

De l'Innocence. §. 4.

VNe chofe eft principalement à remar- *Eccli.* 44.
quer en S. Phalier, qui n'eft pas en tous *c.* 20.
les Sain
cts, & à laquelle i'exhorte tous les petits enfans, qui n'en font pas encore dans l'im-
puiffance, pour fe donner entierement à Dieu
toute leur vie, fans aucune referue. C'eft qu'il
a mené vne vie toute pure & innocente depuis le commencement iufqu'à la fin, ayant
eu ce bon-heur de porter fidelement le joug *Tren.* 3.
de noftre Seigneur, non feulemêt dés fon ado- *d.* 27.
lefcence, mais encore dés qu'il a eu le moindre vfage de raifon, & la cognoiffance du bien
& du mal, par l'inftruction & vigilant foin de
fes bons parens, lefquels il faut auffi que tous
peres & meres imitent, pour bien inftruire
leurs enfans & familles en l'amour & crainte

8. Reg. 3.
6.11. &c. de Dieu, auquel il en faut rendre bon conte, &
qu'iceux enfans, seruiteurs & tous autres sujets & inferieurs, à l'imitation de S. Phalier,
Exod. 20. portent l'honneur, le respect & l'obeyssance
c.12 Hebr. à leurs peres & meres, Prelats, Pasteurs, Mai-
13.c.17. stres & superieurs, afin de n'encourir la male-
Exo. 21.c. diction de ceux qui font le contraire.
15.17.

Luc 10.   Outre cette innocence si singuliere si vous
c. 16. ne pouuez encore suiure ce protope de vertus en tout le reste de ce qu'il a faict & pratiqué, comme aussi il y a beaucoup d'œuures
de surerrogation ausquelles chacun n'est pas
obligé, au moins remediãs au passé en ce qui
sera necessaire & possib'e, faut que ce soit en
Man. 19. tout ce que vous deuez suiuant les comman-
6.17.25.6. demens de Dieu & de l'Eglise, & le particu-
15. lier deuoir d'vn chacun. Sans cela Lerien fut
encore retombé dans le mesme danger, d'où il
n'eust plus esté retiré. Et pource, comme tout
le reste de ses iours, il ne quitta point Sainct
Phalier, faisant penitence en sa compagnie
de ses pechez passez, ainsi il vous apprend
qu'il faut perseuerer en bon estat, & espier les
Matt. 10. fautes passees. Aussi nostre Seigneur dit que
6.22. celuy qui perseuerera ainsi iusqu'à la fin, sera
sauué, & non autrement.

De la Penitence. §. 5.

PVis donc que sainct Phalier, qui n'a iamais
cessé de bien faire, & s'est tousiours bien
maintenu en la grace de Dieu, a neantmoins

mené vne vie si austere, est ce pas bien la
raison que vous limitiez aussi particulieremēt
en cela? Et vous le deuez, principalement si
vos pechez & vos vices le requierent, sinon
en tout, au moins en partie, & selon vostre
pouuoir & l'indigence de vos fautes, comme
Lerien ne s'y est pas espargné Quiconque ne
veut par quelque peine possible, quoy que
rude, satisfaire aux offences qu'il a commises
contre Dieu & ses sainctes Ordonnances,
monstre bien n'auoir point de desplaisir de
l'auoir offencé, & ne faire pas estat de sa diuine Majesté, aussi n'aura-il pas le pardon, car
nostre Sauueur repete plusieurs fois ces mots
en S. Luc. *Si vous ne faites penitence, vous peri-* **Luc. 13. a.**
rez tous, c'est à dire tous ceux qui auez besoin, **3. 5o**
& qui peut s'asseurer n'en auoir pas besoin,
veu que sainct Iean l'Euangeliste, le bien aymé de Iesus Christ, dit de soy-mesme aussi
bien que de tous autres : Si nous disons que **I. Ioan. 1o**
nous n'auons point de peché, nous nous se- **d. 8.**
duisons nous-mesmes, & la verité n'est pas en
nous. Il est vray que le principal poinct de la
penitence est le regret d'auoir offencé Dieu,
amender sa vie, ne plus retourner au peché, &
en euiter les occasions, & sans cela, comme
dit Isaie le Prophete, rien n'est agreable à
Dieu. Ce n'est pas à dire pourtant qu'il ne **Isa. 58. a.**
faille aussi satisfaire à Dieu pour le peché cō- **3. &c.**
mis, par quelque œuure penible, comme sont
les icusnes & abstinences, veu qu'en cela on
rend vn grand sacrifice & honneur à Dieu, & **Tob. 12.**
c'est la commune practique des Saincts, ioin- **b. 8.**

Prou.6.c.
10.

&c. auec celle de l'oraiſon. Et ſur tout ne faut
pas man quer d'accomplir les ieuſnes & abſtinences que l'Egliſe noſtre mere nous ordonné à tous, car chacun y eſt obligé ſur peine de
peché, s'il n'y a excuſe legitime. Mais cette
ordonnance eſtant commune à tous ceux qui
ont l'aage, bons ou mauuais, c'eſt bien peu
pour ceux qui ont mené vne vie vn peu deſ-
bauchee, libertine & licécieuſe, comme vous
le pouuez penſer de Lerien deuant ſon premier deceds, lequel auſſi pour cela, ſans l'ayde de S. Phalier, ſeroit maintenant & à iamais tourmenté en enfer auec tous les demõs
& damnez miſerables, comme vous ſerez , ſi
vous ne quittez les desbauches, les ſalletez,

Ezech.18.
c. 4.

les pareſſes & negligences au ſeruice de Dieu,
& au bon ſoing & entretien de la famille , les
procez iniuſtes, les noiſes, les querelles & diſ-
ſentions, les rancunes , inimitiez, mauuaiſes
volontez, & generalemét tout ce qui contre-
uient à l'honneur de Dieu , & à la charité du
prochain.

---

*Pour bien prendre garde à ſoy à l'exemple
　d'autruy.　　ſ. 6.*

IE vous donne à penſer ce que ne faiſoit
point ce pauure Lerien, pour touſiours bien
ſe maintenir en la grace de Dieu. Quant à
moy ie me perſuade au moins qu'il ſuiuoit
en tout ſainct Phalier, s'il ne pouuoit dauantage faire, & ſi i'oſois, ie le nommerois auſſi

du

du tiltre de Sainct, comme ie ne doute point
qu'il ne soit bié-heureux, puis qu'il s'est si bié
seruy des graces receuës du Ciel par les prieres dudit Sainct, qu'il a esté trouué digne d'e-
stre mis en sa place pour conduire au chemin
de perfection ses condisciples, qui viuoient
tous sainctement comme de bons Religieux,
suiuans l'exemple & la regle que le mesme
sainct leur auoit laissee, & apres son dernier
deceds son corps ayant esté mis dans le mes-
mē tombeau du Sainct, cela demonstre qu'il
perseueré dans cette saincte conformité de
mœurs, quoy qu'il n'ait pas eu le dōn de miracles que ie sçache. Aussi on s'estonneroit
grandement si vn homme eschappé d'vn tel
& si horrible danger, ne viuoit tousiours de-
sormais comme vn Sainct. Cependant, nous
sommes tous sujets au mesme danger, c'est
pourquoy nous deuons aussi tousiours auoir
les mesmes craintes & apprehensions,& nous
seruir comme luy du temps qui noüs est donné pour amender nostre vie, expier nos fautes, & faire nostre salut. Et quoy que vous
en puissiez penser, peut-estre n'auoit-il commis qu'vn seul & moindre peché mortel, dōt
il a esté surpris, cela seul estant suffisant pour
nous perdre à iamais, tellement que si Dieu
luy a fait vne grace si extraordinaire à la consideration d'vn homme, quoy que grand
Sainct, ç'a esté pour manifester la grandeur
des merites de ce sien fidel seruiteur, & sans
cela le pauure fortuné fut demeuré pour iamais dans son malheur, soit qu'il eust commis

Eccli. 2
a. 1.

Ezech. 18.
a. 4.
Iac. 1. b.
10.

L

Matt. 25.
a. 13.

plusieurs pechez mortels ou vn seul, ce qui vous doit encore bien faire tenir sur vos gardes, n'y ayans plus de tels personnages pour ainsi tirer vos ames d'vn tel malheur, si vne fois elles y estoient tombees à la mesme sorte que celle de Lerien. Et quand bien il y en auroit, la rencontre en tel accident en estant du tout incertaine, personne n'a aucun sujet de s'y attendre.

Où se doit estendre la Penitence. §. 7

VOyez dõc ce que vous deuez faire, vous quiconques, non seulement auez commis vn peché mortel, mais vn grand nombre, peut-estre plus d'vne milliace, voire de tres-sales, tres enormes & abominables. Et que les bonnes ames ne s'offencent point icy, car ie parle seulement à ceux qui ont leur cõscience chargee du mal, & dans vne multitude de plusieurs & diuerses sortes de personnes, il y en a communement de bons & de mauuais, & chacun doit trouuer bon ce qui est pour le bien & salut de son ame ou de son prochain. Mais que personne ne fasse reflection sur autruy, qu'il ne se regarde soy-mesme de pres. De plus mon dessein n'est pas, que vous vous appropriez tellement tout ce qui est contenu en ces escrits, que tous autres, de quelque lieu ou contree qu'ils soient, ny participent aussi selon leur necessité, comme les exemples des Saincts & gẽs de bien sont pour tous ceux

qui en peuuent tirer du profit. Mais ce beau
miroir cy de pureté estant pour vous en particulier, vous deuez aussi particulierement
vous en seruir entr'autres, pour voir les tas-
ches de vostre conscience, afin de les bien la-
uer & netoyer par les eaux de la penitence,
donc prenez garde que d'autres ne s'en seruent mieux que vous & à vostre confusion.
Que chacun mette la main à sa conscience, &
qu'aucun ne se flatte, car côme rien de souillé
n'entre en Paradis, aussi rien ne demeure im-
puny (chante la saincte Eglise gouuernee
par le S. Esprit,) & faudra subir la peine à
proportion de tous les pechez qu'on aura cô-
mis, mortels & veniels, & des voluptez &
plaisirs sensuels, esquels on se sera laissé em-
porter, sinon en ce monde, sera en l'autre bien
plus rigoureusement, sçauoir est en purgatoire, ou qui pis est en enfer pour iamais, s'il y a
peché mortel, dont la coulpe n'ait pas esté re-
mise par le Sacrement de Penitence, ou au
moins par la contrition. Et quand vous n'auriez point fait de mal, estes-vous plus asseurez que le grand S. Paul, lequel s'estant ac-
quitté de sa penitence, chastioit neantmoins
tousiours son corps, & le rengeoit en serui-
tude de peur de venir enfin a estre reprouué
au moyen de la chair qui se rebelle contre
l'esprit & contre son Dieu, quand elle a trop
ses aises & ses plaisirs ? Mais encore, pensez
vous qu'il ne faille rien faire ny endurer pour
la conqueste d'vn Royaume tel que celuy des
Cieux, qui a cousté si cher au fils de Dieu mes-

Apoc. 28.
9. 27.
Nil inul-
tum re-
manebit.

Apo. 18.
b. 7.

S. Greg.
homil. 35.
in Euang.

1. Cor. 9.
d. 27.

Gal. 5. 6.
17.

Luc. 14.
d. 25.

L ij

mo, à qui il appartenoit, qu'il luy a fallu endurer ce que vous sçauez, deuant que d'y entrer, ainsi que dit la saincte Escriture : *Oppor-
tuit Christum pati, & ita intrare in gloriam suam.*

Comme il faut cooperer à ce que Iesus-Christ a fait & enduré pour nous. §. 8.

V Ous direz que c'est pour nous que nostre Sauueur a enduré, & qu'il nous a
acquis ce bien eternel du Royaume des
Cieux au prix de son sang, & ie vous l'accorde
aussi, mais i'oseray dire apres les Saincts, que
bien qu'vne seule goutte de cette precieuse
liqueur soit suffisante pour racheter mille
monde, & autant que vous en pourriez imaginer, neantmoins il n'a satisfait qu'à ce que
nous n'estions pas soluables, & nous a laissé à
payer ce que nous pouuons vn chacun pour
soy. Et c'est ce quo veut dire S. Paul : Qu'il
accomplit en sa persóne ce qui reste des souffrances de Iesus-Christ, tellement necessaire,
que sans cela ne faut pas s'attendre d'auoir
iamais cette riche piece, principalement apres
l'auoir perduë autant de fois que nous auons
commis d'offences mortelles. Celuy qui t'a
creé sans toy, ne te sauuera pas sans toy, (dit
S. Augustin,) c'est à dire sans que tu y con-
tribuë de ta part, d'autant que le Marchand,
qui vend cette riche piece de marchandise, la
felicité eternelle, qui est Dieu mesme, ne la
deliurera pas, qu'il n'ait la somme entiere, dót

*Aĉt. 20. f.
28.*

Apo. 5. 0. 9.

*Coloss. 1.
f. 24.*

le surplus ne consiste qu'à ce qui nous est taxé
dans les commandemens de Dieu & de l'E-
glise, & le deu de nos charges & deuoirs par-
ticuliers, chacun selon sa condition. Et encore cette taxe ne va point plus auant que ce
que nous pouuons, quand nous n'aurions que
le cœur & la pensee libre dans vn moment.

Matt. 11.
d. 30.

Prou. 23,
c. 26.

De la bonté de Dieu enuers nous. §.9.

QVi donc voudroit refuser ce deuoir à
celuy duquel nous tenons tout ? & sa
bonté estant telle, qui seroit si malheureux de
desesperer, s'il n'estoit desia dans le lieu de
desespoir ? O bonté infinie qui se contente
de si peu, pour vne chose qui ne se peut aucunement priser ny acheter ! Aussi ce n'est pas
la vendre, ains la donner pour rien, quelque
chose que nous y puissiôs contribuer, & neât-
moins il ne tiendra qu'à ce peu qui nous est
demandé, que nous ne l'ayons. Mais il se faut
bien garder d'en differer le payement, que le
temps ne s'escoule, qui n'est que durant nostre vie & l'vsage de l'entendement & de la
raison, qui se peuuent perdre dans vn momêt,
& en la meilleure disposition du corps, & lors
ne tenans rien, nous serions encore enuoyez
pieds & mains liez dãs ces tenebres exterieu-
res, où il n'y a pour toute eternité, que pleurs
& grincemens de dents, d'autant que nous
sommes desia redeuables de cela pour chacun
benefice que nous auons receu de Dieu, & re-

Rom. 8. f
32.
1. Cor. 4.
b. 7.

Rom. 8.
d. 18.

Ioan. 9.
a. 4.
2. Reg. 6.
b. 7.
Par. 13.
o. 10.
Matt. 25.
c. 30.

Matt. 25.
b. 15.

ceuons à chaſque moment. Mais ſa diuine
bonté nous pormet encore de ſurplus la iouiſ-
ſance de cette felicité eternelle, ſi nous nous
en acquittons fidellement. O ſurplus infiniment deſirable, qui ſurpaſſe tout: & que nous
ſeruiroit d'auoir eſté creé, racheté & conſerué tout le cours de cette vie, quand elle du-
reroit des milliaces d'annees, eſtans apres
tout cela priuez dans l'eternité de la viſion de
Dieu, pour laquelle nous auons eſté creez &
rachetez? Et pour auoir ce bien, que ne deuroit on point donner? & dequoy ne faudroit
il s'abſtenir pour ioüyr de ce ſeul contentement, au regard duquel tout autre plaiſir n'eſt
que tourment? Celuy, dit S. Paul, qui s'exer-
ce dans le combat, fait abſtinence de toutes
choſes, pour obtenir vne couronne corrupti-
ble, & pour vne incorruptible que ne ſaut il
point faire?

    Dites-moy, craignant qu'vn autre n'em-
pietaſt ſur voſtre marché, voudriez vous,
eſtant pauure, vous tenir à vn ſeul denier, &
differer vn ſeul moment à le payer, l'ayant ſur
vous, pour auoir vn bien, qui vous feroit riche tout le temps de voſtre vie? Ie m'aſſeure
bien, que vous aymeriez mieux ieuſner, &
ſouffrir quelque temps, que de refuſer non
ſeulement vn denier, mais tout ce que vous
auriez de vaillant, pour eſtre puis apres à voſtre aiſe, le reſte de vos iours, qui peut-eſtre
s'eſcouleroient lors que vous penſeriez ioüyr
de voſtre acquiſition. Et tout ce que peuuent
tous les hommes enſemble, eſt infiniment

moins qu'vn denier en comparaison du prix
& de la valeur de ce que le mo ndre possede
ou possedera au Royaume des Cieux, dans
lequel chacun sera riche & à son aise à toute
eternité, plus qu'on ne sçauroit dire ny imaginer. S. Paul dit, qu'œil n'a veu, oreille entendu, ny cœur pensé, ce que Dieu prepare à   *1. Cor. 2.*
ceux qui l'ayment, le faisant paroistre dans   *c. 9.*
l'obseruance de ses sainctes ordonnances, ce-
la s'entend ainsi, car nostre Seigneur dit. Qui   *Ioan. 14.*
a mes commandemens, & les obserue, c'est   *c. 21.*
celuy qui m'ayme.

Pour bien asseurer son salut.   §. 10.

Ainct Phalier a si bien sceu ce que valloit   *Matt. 13.*
Sce thresor precieux, cette riche conqueste   *f. 44.*
de la vision beatifique de la diuine essence,
qu'il a tout donné ce qu'il auoit de vaillant
pour en auoir le champ, & le posseder, suiuant
nostre Seigneur en telle perfection, qu'il peut   *Matt. 19.*
mesme seruir de guide & de conduite à toute   *c. 21.*
sorte de Religieux, comme de fait il est appellé dans vne ancienne Antienne de son Office propre, *Cunctorum dux Monachorum*, en
quoy il y a beaucoup excedé la somme qui
luy estoit exigee, suiuant estroictement les
conseils Euangeliques, outre les Commandemens de Dieu & de l'Eglise, comme aussi le
plus seur est d'exhiber plus que moins, puis
que la somme doit estre entiere, d'autant que   *Iac 2 b.10*
s'il se rencontre quelque piece qui ne soit pas

de mise ou de prix, comme souuent nos œuures ne sont pas trop bien faites, y interuenãt
mille defauts & imperfections, de vanité, de
negligence, de tiedeur, de lascheté, de propre
recherche, de presomption & autres choses
semblables ou pires. Au moins si les vnes
sont reiettees, d'autres peuuent estre receuës
en la place, ou si aucunes ne sont assez entie-
res & de bon poids, deux passeront pour vne,
ou trois pour deux. En quoy les bons Religieux ont vn tres-grand aduantage, lesquels
donnent tout iusqu'à eux-mesmes, sans aucune reserue, & tres-heureux sont tous ceux qui
ont ce bon-heur. Mais, quoy que Dieu n'ait
pas fait cette grace à tous, neantmoins chacun peut aussi faire quelque chose de surerrogation. Encore faut-il toufiours nous estimer
seruiteurs inutiles, quelque chose que nous
fassions, & penser que nous n'auons rien operé de bon. Et de fait, qui est celuy au monde,
lequel se peut asseurer, que pas vne de ses œuures soit meritoire deuant vne telle Maiesté,
qui dit qu'elle iugera les iustices, c'est à dire
les bonnes œuures, qui n'auront pas esté faites
auec vne vraye & syncere pureté d'intention,
& comme il est requis? Neantmoins, il se faut
toufiours confier à la bonté & misericorde de
Dieu, mais non pas à nos œuures, quoy que
nous taschions de les faire auec le plus d'integrité qu'il nous est possible. Ce Chanoine de
Paris, dont il est parlé en la vie de S. Bruno, y
fut bien trompé, lequel pensant que Dieu luy
en deuoit de reste, se trouua soy-mesme tellement

Marginal references:
Luc. 18.
c. 11.
Apo. 3. c.
16.
Matt. 6. a.
2. 5. b. 16.
Matt. 5. a.
3. 19. d. 27
Luc. 17. c.
10.
Eccli. 9.
a. 1.
Ps. 74. a.
3.
Luc. 18.
c. 14.

ment redeuable, que n'ayant dequoy satisfaire, il fut enuoyé à ces prisons eternelles,
dont ce bon sainct, qui en vit le triste specta-
cle à la sepulture du corps, fut tellement espouuenté, qu'il courrut bien viste au chemin
de perfection, ne se contentant pas de la commune voye des Commandemens de Dieu &
de l'Eglise. En quoy sainct Phalier vous a
aussi fait leçon, dés qu'il estoit encore laïque,
& quand il fut consacré aux saincts ordres, &
fait Prestre, quel exemple n'a-il point aussi
donné à tous les Ecclesiastiques & gens d'E-
glise, pour se rendre dignes & capables de
leur charge & ministere, & s'y comporter
auec toutes les conditions requises, donnant
bonne instruction de parole & d'exemple. Il
estoit bien esloigné de la compagnie de ceux
qui donnent scandal & mauuaise edification,
aussi a-il receu vn tres-heureux *euge serue bone,* Matt. 25.
&c. au lieu de *ligatis manibus, &c.* qui est desti- b 21.
né pour les autres. Matt. 22.
b. 13. 23. c.
30.

Comme on ne peut trop bien faire. §. 11.

IL est vray que pour ceux, qui n'ont point
d'autres charges que d'eux mesmes, faisant bien tout ce qui est des Commandemens
de Dieu & de l'Eglise, & les œuures qu'ils
sont tenus & obligez de faire chacun en son
particulier, lesquelles y sont comprises, ils
sont bien asseurez de leur salut, puis que no- Matt. 19.
stre Seigneur dit : *Si tu veux paruenir à la vie* b. 17.

Iac. 2.
b. 10.

eternelle, *garde les Commandemens.* Mais aussi il y faut estre bien fidelle, veu que S. Iacques dit, que celuy qui manque à vn poinct, est coupable de tout, c'est pourquoy donc ne faut pas craindre de trop faire, mais plustost de trop peu faire, & de ne pas assez bien faire, &

Ier. 48.
b. 10.

si vous y mettez quelque chose du vostre par

Apoc. 22.
*c.*12.

dessus ce qui vous est ordonné, croyez asseurement que vous n'y perdrez rien iusqu'à vn

*Matt.*10.
d. 42.

verre d'eau donné pour l'amour de Dieu, mais

Luc. 10.
*f.*35.

que tout vous sera bien rendu au delà de ce que vous y aurez employé, & nous ne sçaurions tant faire pour Dieu, qu'il ne merite encore infiniment dauantage, & qu'il ne nous

Matt. 19.
d. 29.

en vienne à proportion vn indicible profit pour l'eternité, & pour cette vie icy mesme, s'il est expedient, encore qu'il ne faut pas re-

Leuit. 26.
*a.*3. *&c.*

garder la terre, qu'en ce qui est simplement

*Psal.*36.*c.*
25.

de nos necessitez, & quand nous y serions les plus pauures & miserables, pourueu que

Prou. 30.
b. 8.

nous ayons la grace de Dieu, comme dit le bon homme Tobie, nous sommes assez riches

Tob. 4.*d.*
23.

& heureux, sans laquelle ce n'est rien que d'auoir tous les biens & contentemens de cette vie, puis qu'il faut tout quitter, car comme

Matt. 16.
d 26.

dit nostre Seigneur luy-mesme : *Que profite à l'homme d'amasser & accumuler à soy tout ce qui est au monde, si apres tout cela il vient à perdre son ame.*

Le malheur de quelques-vns qui ont honte de bien faire. §. 12.

MAis il y en a qui ont honte de bien faire, & qui difent, qu'on les regarderoit,
s'ils fe rendoient affidus & ponctuels au feruice Diuin, a practiquer les Sacremens, à ieufner, & generalement à tout ce qui concerne
le deuoir d'vn bon & fidel Chreftien, ce qui
les retient & empefche mefme de faire ce à
quoy ils font expreffement obligez, comme
s'il y auoit du deshonneur à feruir le Roy des *Tim. 6.*
Roys. Ne faut pas que ceux-là s'attendent *c. 15.*
d'eftre receus là haut en la compagnie des *Apo 19.*
bien-heureux, car noftre Seigneur dit, qu'il *c. 16.*
aura honte de les receuoir, comme ils auront *Luc. 9.*
eu honte de le feruir. Auffi eft-il vray, qu'il *c. 26.*
y en a qui fe mocquent de ceux qui s'adonnēt
à la pieté & deuotion, quoy qu'ils ne faffent
que ce qu'ils font obligez de faire eux-
mefmes, & les appellent des bigots ou man-
geurs d'images, mais eux font des nigauts, qui
ne font pas fages de mefprifer ce qui eft fur
tout à prifer, au moyen dequoy, non feule-
mēt ils fe rendent indignes d'eftre receus parmy les Efleus, ains encore feront doublemēt
tourmentez auec les demons, ennemis de
l'honneur & feruice de Dieu, à fçauoir pour
leurs propres offences, & pour les fautes de *Rom. 14*
tous ceux qu'ils aurōt empefché de bien faire, *c. 12.*
lefquels pour cela ne laifferont pas d'eftre

M ij

aussi punis eternellement auec eux pour leur pusillanimité, lascheté & coüardise, & pour auoir fait plus d'estat des creatures que du Createur, en se retirant de son seruice pour le respect d'icelles, sous ombre encore de si peu de chose, comme de craindre vn peu de mocquerie, qu'on deuroit estimer gloire, au lieu que tous les tourmens du monde ne peuuẽt pas estre suffisant de nous separer de cette diuine charité non plus que S. Paul & tous les martyrs, qui sont demeurez fermes & cõstans iusqu'à la mort, apres tant de souffrances, nonobstant la griefueté desquelles, si quelqu'vn se retiroit du seruice du vray Dieu pour les éuiter, il estoit reprouué, mourant en cet estat, quelle grace penseriez-vous auoir dauantage, vous en retirant pour vne chose, qui est bien loing de vous escorcher tous vifs comme vn sainct Barthelemy, ou de vous rostir sur les charbons ardens comme vn sainct Laurent ?

Comme nous deuons seruir Dieu par affections & pur amour. §. 13.

FAut donc estre bien plus courageux, & faire comme sainct Phalier, qui a mis sous le pied tous les respects humains pour bien faire seruice à son Dieu, abandonnant mesme ses pere & mere, qui l'aymoient si tendremẽt, afin d'y auoir plus de liberté & de franchise. Aussi est-ce vne Majesté si releuee, que rien

ne nous doit retenir de luy rendre iusqu'au *Rom.* 11.
moindre de nos deuoirs, & c'est vn Dieu si *d.* 33.
iuste & si bon, qu'il ne mettra rien en oubly *Act.* 5. f.
de tout ce que nous aurons fait pour luy qui 29.
merite recompense. Mais cette crainte d'e- *Gal.* 1. b.
stre mocqué en bien faisant, monstre bien 10.
qu'on n'y regarde pas Dieu comme il faut, *Matt.* 16.
ny l'eternité, ainsi soy-mesme, & les choses *d.* 17.
presentes seulement, quoy que ce n'est pas
bien se regarder de quitter ce qui est du salut
de son ame. Pour donc bien seruir Dieu, il
faut simplement auoir esgard à sa diuine grã-
deur & Majesté, en sorte que cette veuë &
consideration nous fasse mettre sous le pied
tous les respects humains, & faire purement
pour l'amour de luy tout ce qui nous est commandé de sa part, parce qu'il le veut, sans
autre propre recherche ny satisfaction de soy-
mesme, que d'y faire son salut, & sans se plaire à autre chose qu'à obeyr à Dieu, & non pas
plustost en cecy qu'en cela, d'où vient que
plusieurs qui en font vne partie, & laissent *Iac.* 1. b.
l'autre, ne font rien du tout, car il faut affe- 10.
ctionner le tout, iusques aux choses les plus
fascheuses & difficiles, pourueu qu'on les
puisse faire, ausquelles s'il y a plus de peine,
Dieu y est aussi plus honoré, & le merite en
est plus grand. Enfin il faut estre tellement
disposé à rendre tout le seruice, le culte &
l'obeissance que nous deuons à cette diuine
Majesté en son amour, & pour son amour,
gayement, parce qu'il le veut, sans autre es- *2. Cor.* 9.
gard, que quand mesme il n'y auroit ny enfer *b.* 7.

pour punir les meschans, ny Paradis pour recompenser les bons, nous ne voudrions pas laisser de le faire auec autant d'affection, nonobstāt tout ce qui se pourroit presenter pour nous en empescher. Il est bien vray qu'on y peut aussi estre porté en esperance d'auoir vn iour le bon-heur qu'ont les bien-heureux, puis que Dauid dit : I'ay encliné mon cœur à faire vos iustificacions pour la retribution, mais l'autre motif est plus noble, & n'oste rien de la recompense, au contraire il l'augmente, & sans iceluy nous ne tenons rien, d'autant qu'il n'y auroit point de pur amour de Dieu, ains seulement de nous mesmes, & de nostre propre interest.

Le danger de vaine gloire. §. 14.

IL y a vne autre extremité toute contraire à la precedente, mais pour le moins autant preiudiciable, qui est de s'adonner aux exercices de pieté & deuotion par vaine complaisance, & auec vn desir, sinon expres, au moins tacite d'y estre veu, pour en tirer de la loüange & reputation, à quoy il faut bien prendre garde, car c'est vn dangereux vent, qui met à bas tous les fruicts. Ie vous dis en verité, dit nostre Seigneur, ils ont desia receu leur salaire, c'est à dire qu'ils n'en peuuent plus pretendre dans le Ciel apres cela. Gardez vous bien pourtant de iuger temerairement de personne en cela ny en autre chose, car Iesus-

Christ nous le defend expreſſement, à peine *Luc. 6. a.* d'eſtre iugez nous meſmes. Dieu ſeul cognoiſt *37.* le ſecret des cœurs, auſſi il n'appartient qu'à *Matt. 7.* luy d'en iuger Faites touſiours eſtat de la *a. 1.* pieté & de la vertu, & taſchez de l'imiter au *Pſ. 7 b.10.* ſujet où elle ſe rēcontre, ayant touſiours bō-ne opinion de voſtre prochain, & penſez que ſeroit vne choſe trop execrable & digne d'eſ-tonnement, s'il y auoit encore quelque per-ſonne qui euſt cet eſprit de ſuperbe & d'am-bition, aprés tant de blaſme que noſtre Sei-gneur en fait dans la parabole du Phariſien & *Luc. 18.* du Publiquain, & en pluſieurs autres endroits *b. 10.* des Euangiles, car ce que ie vous en dis, n'eſt *Matt. 23.* ſeulement que pour vous mettre à couuert & *a. 5. e. &c.* à l'abry de ce mauuais vent, qui a ietté tout *Luc 14.* d'vn coup Lucifer & ſes compagnons du plus *b.11.* haut des Cieux, au plus profond abyſme de *Iſa. 14.* l'enfer. Que ſi vous en eſtes exempts, & neāt-*c. 15.* moins on en iuge autrement, ne perdez pas courage de bien faire pour cela, ny pour autre choſe quelconque, ains repoſez vous en Dieu *1. Paral.* ſeul, qui cognoiſt voſtre interieur, mais auſſi *6. e 30.* prenez y bien garde, & au lieu de penſer que ces perſonnes font mal de faire ce iugement de vous, au contraire croyez que c'eſt vn ad-uertiſſement que Dieu vous donne par icelles de ſoigneuſement foüiller iuſqu'au fond de voſtre cœur, d'autant que ce venin eſt ſi ſub-til, qu'il entre facilement ſans qu'on le ſente, & c'eſt ce que craignoit tant ſainct Phalier, lors qu'il alloit de lieu en autre, auſſi toſt qu'il voyoit qu'on luy applaudiſſoit trop, en quoy

il nous donne exemple de fuir ce mal de tout
noftre poffible.

---

*Ce n'eft rien pour foy de loüer les Sainɛts, ſi
on ne les imite comme il faut. §. 1 5.*

MAis reuenons à ceux qui rampent pluſtoſt ſur terre, que de vouloir trauerſer
les airs, & prendre le vol là haut ſur ces lam-
bris celeſtes, & taſchõs de les eſleuer vn peu,
c'eſt choſe eſtrange, qu'il n'y a perſonne qui
ne loüe grandement les Sainɛts, principalement chacun celuy de ſon lieu, où de ſa Pa-
roiſſe, meſme les plus grands pecheurs, s'ils
ne ſont infideles, athees ou heretiques, & cependant il y en a fort peu qui les vueillent imiter, ou ſi on les ſuit en quelque choſe, ce ſera
où il aura plus de contentement & de propre
ſatisfaction, que de peine & difficulté, &
pluſtoſt en ce à quoy on n'eſt point obligé,
que non pas au principal & à ce que l'on doit.
On les loüe de ce qu'ils ont eſté grands ſeruiteurs de Dieu, & on employe les Feſtes &
Dimanches aux affaires temporelles, aux jeux
& cabarets, ou autres plaiſirs & vaines recrea-
tions, dans le temps meſme auquel on deuroit
De conf. eſtre au ſeruice Diuin, & oüyr la parole de
diſt.1. Dieu, de ſorte qu'à grande peine on entend
vne ſeule meſſe, & tout le temps ſe paſſe
ſans qu'on s'applique à aucune œuure de pieté, & ſans faire ou entendre quelque bonne
lecture, au defaut de laquelle on deuiét beſte,
auſſi

auſſi ne faut-il pas s'eſtonner s'il y en a qui viuent comme des beſtes, voire plus liberti-nement & licencieuſement que les beſtes.

On eſtime grandement les Sainƈts en ce qu'ils ont fuy les honneurs, & meſpriſé les biens de la terre, & on s'y porte iuſqu'à s'eſ-tre-faire tort les vns aux autres, ſe porter en-uie, haine immortelle, ſe chicanner à droiƈt & à gauche, ſe quereller, ſe battre & ſe tuer, pour n'auoir autre choſe apres tout cela, que l'enfer, pour le poſſeder à iamais, & voylà bien gaigner. On leur applaudit de ce qu'ils euſſent mieux aymé mourir, non ſeulement que d'offencer Dieu mortellement, mais en-core de dire la moindre injure, faire tant ſoit peu tort & dommage à qui que ce fut, ou re-tenir vn ſeul denier qui euſt appartenu à au-truy, & cependant combien d'iniuſtices voit-on parmy les mortels, & parmy preſque tou-te ſorte d'eſtats de ce monde? & ainſi de tou-tes les autres vertus & bonnes œuures, qu'on deuroit practiquer. Si c'eſt qu'on ne ſe ſoucie pas autrement de faire ſon ſalut, comme les Sainƈts l'ont fait, & qu'on ayme autant eſtre à iamais tourmenté au feu d'enfer auec les damnez miſerables, que de ioüyr de la felicité eternelle auec les bien-heureux, ie ne dis plus mot.

Quel profit on peut tirer des miracles des Saincts. §. 16.

OV l'on exalte les Sainꞔts le plus communement, bien que ce ne ſoit pas le principal ſujet de leurs loüanges, c'eſt en l'operation des miracles, mais en cela il n'y a rien à imiter pour nous, au contraire ce nous ſeroit vne trop grande preſomption d'y vouloir ſeulement penſer, & nous n'y pouuons rien du tout de nous-meſme, eſtant vn pur don de la diuine largeſſe, comme celuy de Prophetie, dont celuy-là eſt grandement indigne, qui penſe en quelque façon le meriter, & quiconque le reçoit, n'en eſt pas autrement meilleur ny plus loüable, ſinon en tant que Dieu ne le fait communement qu'à ſes plus fideles ſeruiteurs, comme ſont les Sainꞔts, mais non pas touſiours, ayant eſgard à autre qu'à celuy à qui il le communique, qui ſera peut-eſtre vn reprouué comme Iudas, pour auoir eſté nonobſtant cela ouurier d'iniquité, ainſi que S. Matthieu le fait voir. C'eſt pourquoy auſſi noſtre Seigneur aduertiſſoit ſes Apoſtres & diſciples de ne point ſe reſiouyr de ce qu'ils chaſſoient les demons, & faiſoiēt beaucoup d'autres merueilles en ſon nom, comme ſi cela venoit de leur merite, parce que la ſeule cauſe eſtoit pour attirer les perſonnes à la foy & Religion qu'il vouloit eſtablir. Et dans S. Marc ſe voit-il pas vn certain

Pſ. 67.
d. 36.

Matt. 7. c.
22. 23.

Luc. 10.
d. 20.

Marc. 9.
f. 39.

homme, qui n'eſtant point de la compagnie
de noſtre Seigneur , faiſoit neantmoins des
miracles en ſon nom?

Ce n'eſt pas à dire pourtant que ſainct
Phalier ne doiue eſtre loüé en cela meſme,
auſſi bien qu'en tout le reſte de ſes vertus,
d'autant que c'eſt à l'eſgard de ſa grande ſain-
cteté que Dieu luy a fait ce don, & il eſt d'autant plus à eſtimer grand amy de cette puiſ-
ſance infinie, que les miracles qu'elle a ope-
rez par luy ſont rares & prodigieux , particulierement la reſurrection de Lerien, qui eſt ſi
admirable. Et ſi on eſtoit ſi fort eſtonné de *Ioan 9.*
ce que noſtre Sauueur auoit donné la veuë à *f. 32.*
vn aueugle nay, noſtre Sainct n'a-il pas auſſi
donné dans Agen la veuë & la parole à vne
femme muette dés ſa naiſſance? Ieſus-Chriſt
preſent a guary du flux de ſang celle qui luy *Mt 8.9.*
toucha le bord de ſa robe, & ſainct Phalier *c. 10.*
abſent en a fait de meſme à vne autre. Ne
vous en eſtonnez pas, celuy au nom & en *Ioan. 14.*
vertu duquel tout cela ſe fait, a dit luy-meſ *b.12.*
me, que celuy qui croiroit en luy , feroit les
merueilles qu'il a faites, & encore de plus
grãdes. Mais telles choſes ne vous ſont point
repreſentees pour en tirer exemple , ains ſeulement pour vous faire voir le grand pouuoir
de ce Sainct enuers le Tout-puiſſant, afin que
vous vous adreſſiez à luy auec vne grande foy
& confiance en ſes merites , & c'eſt le profit
que vous pouuez tirer de ſes miracles, leſquels
ne faut pas tant vous amuſer à contempler,
que vous ne conſideriez principalement ſes

vertus afin de les imiter en tant qu'il vous est
neceſſaire pour vous ſauuer , comme a fait
Lerien.

Des œuures ſatisfactoires, & neceßité de la Penitence. §. 17.

OVtre les miracles, on louë auſſi particulierement les Saincts à cauſe de leurs
grandes abſtinences, ieuſnes & auſteritez, &
en cela il eſt bon de les imiter, voire neceſſaire, ſelon le beſoin que nous en auons, tant
pour matter la chair rebelle à l'eſprit, que
pour faire penitence des fautes commiſes cõ-
tre Dieu, & obeïr à l'Egliſe. Mais c'eſt en
quoy les Saincts ſont moins ſuiuis, meſmes
de ceux leſquels en ont le plus de beſoin, qui
eſt vn mauuais preſage pour eux. de ce qu'ils
ne veulent pas prendre la medecine neceſſaire
à la ſanté de leurs ames, & c'eſt qu'ils ne ſen-
tent pas leur mal, car s'ils peſoient bien leurs
fautes, & le malheur qui leur en doit arriuer
en l'autre vie, n'ayant pas ſatisfait en celle-cy,
ſans doute ils feroient ce qu'à fait Lerien.
C'eſt vn bon acte de loüer la vertu des Saints,
d'autant que c'eſt auſſi loüer Dieu, qui opere
en eux. Mais quel profit en retirerez-vous, ſi
vous ne les ſuiuez dans le chemin que vous
deuez tenir pour aller au Ciel auec eux?
Il y en a pourtãt quelques-vns qui ne font
que trop de mortifications corporelles , mais
bien peu de ſpirituelles, qui doiuent marcher

les premieres, & faut que les autres soient
faites auec discretion, & ne pas presumer d'en
vouloir faire tant que les Saincts, mais chacun
selon ses forces & son petit pouuoir, sans vouloir tenter Dieu. qui ne donne ses graces particulieres qu'aux humbles, & à ceux à qui bon
luy semble. Sa bonté ne demande pas plus de
nous que nous ne pouuons faire, mais aussi
faut-il s'efforcer de practiquer la vertu quâd
il en est besoin, quoy qu'il y ait de la peine &
de la difficulté, comme en ce qui est de la penitence, laquelle pourtant est du tout necessaire apres le peché, & autant necessaire apres
le peché mortel pour estre sauué, que le Baptesme auparauant l'auoir receu, car c'est la se-
conde table apres le nauffrage, sur laquelle il
nous faut tenir, si nous ne voulons estre en-
foncez dedans le gouffre & profond abysme
de l'enfer.

Rom. 12.
a. 1.

Isa. 56.
a. 2.
Ioan. 3.
a. 8.
Matt. 25.
b. 15.
Matt. 11.
b. 12.
Luc. 13.
3. 5.

Il faut satisfaire à Dieu par quelque moyen. §. 18.

POur ce qui est des ieusnes & autres auste-
ritez corporelles, d'autant qu'il y peut
auoir quelques subjets qui en exemptent aucunes persónes, si par ce moyen vous ne pour
uez satisfaire à l'honneur de Dieu que vous
auez interessé par vos pechez, pour quelque
cause qui vous en peut veritablemét excuser,
sans aucune flatterie, faites autres bonnes
œuures, selon que vous en auez la puissance,

Rom. 1. c.
13. 14.

& que vous en pourrez eſtre conſeillez, car
il en faut trouuer quelque moyen, & ſi vous
eſtes ſi pauures & ſi infirmes, que vous ne
puiſſiez rien faire du tout, à tout le moins, viuans deſormais en l'amour & crainte de Dieu,
comme cela eſt touſiours à ſuppoſer, ayez recours à la priere, laquelle ne doit iamais mã-
quer, quelque choſe que l'on faſſe, & prenez
en gré, & comme venant de la main pater-
nelle de Dieu tout ce qu'il permet que vous
ſouffriez en cette vie, l'endurant patiemment
& volontairement pour l'amour de luy en ſatisfaction de vos fautes, en telle maniere, que
ſi voſtre confeſſeur vous l'auoit enjoint pour
penitence, vous le voudriez receuoir tel de
bon cœur, pour le regret que vous auez d'a-
uoir offencé cette diuine Maieſté, qui merite
infiniment d'eſtre aymée & ſeruie de toute
l'affection, & ſans aucune intermiſſion. Ainſi
vous ferez de voſtre neceſſité vne grãde vertu, & en retirerez vn merueilleux fruict, qui
ſera digne de penitence & de la vie eternelle.
En quoy vous imiterez les Saincts, qui ſe ſont
touſiours dauantage pleu, & tenu plus aſſeu-
rez dans l'aduerſité que dans la proſperité,
dans les maladies & infirmitez, que dans vne
continuelle ſanté, dans la perſecution, que
dans l'applaudiſſement, eſtimans vne grande
faueur de Dieu, quand il les affligeoit, & quãd
l'affliction leur manquoit, ils recherchoient
eux-meſmes d'autres ſouffrances & mortifications, tenans pour maxime, que quand
Dieu laiſſe viure les perſonnes à leur aiſe, ſans

2. Mach.
7. ſ. 32.

Deut. 6
b. 5.

Luc. 23.
ſ. 41.
Matt. 3.
b. 8.

1. Cor. 11.
q. 30. 11.
b. 5. c 9. 10.

leur enuoyer aucune affliction, c'est signe de
reprobation, veu qu'en ce monde personne
ne vit sans quelque offence, qui merite chastiment, de sorte mesme que le iuste tombe
sept fois le iour, dit la saincte Escriture. Et
c'est la coustume de ce grand pere de l'vniuers
de chastier en ce monde icy temporellement
ceux qu'il recognoist pour ses enfans, afin
qu'ils ne soient pas punir en l'autre eternellement, au lieu que le pere de superbe fait
tout le contraire à l'endroit des siens, ce qui
faisoit dire à sainct Augustin: *Hìc vre, hìc seca,
vt in æternum parcas.* Bruslez & couppez icy,
ô mon Dieu pour me pardonner eternellement, & cela doit bien consoier les bonnes
ames, qui sont en affliction.

Ce n'est pas à dire pourtant que les re-
prouuez ne comment quelques fois & souuét
leur enfer dés ce monde icy, comme Hero-
des & beaucoup d'autres, mais ils se font bien
cognoistre en ce qu'ils detestent, renient &
maugregent contre Dieu par impatience, cõ-
mençans d'entonner l'office qu'ils continue-
ront eternellement le bas dans les enfers, au
lieu que les autres loüent & benissent cette
diuine Maiesté, comme Iob, qui dans toutes
ses afflictions disoit tousiours le sainct nom
de Dieu soit beny. Et le bon homme Tobie
tout de mesme, commençans ce beau psalme
de loüange & iubilation: *Benedicam Dominum
in omni tempore,* Ie beniray le Seigneur en tout
temps. Chant de loüanges, qu'ils continue-
ront en toute eternité dans les Cieux, sans

plus de douleur, tristesse, ny aucune affliction, parce que tout cela sera passé pour eux,
& n'auront plus qu'vne perpetuelle ioye &
felicité auec tous les Sainéts & bien-heureux.

Comme il faut apprehender la mal-heureuse condition des damnez. §. 19.

SVs donc pecheurs conuertissez-vous à
Dieu de tout voftre cœur, dit le Prophete
Ioel, conuertissez vous en icufnes, pleurs &
gemiffemens, & faites des fruiéts dignes de
penitence, comme exhorte sainét Iean, pour
auoir ce bon-heur d'euiter l'ire de Dieu, autrement vous voylà perdus, car comme dit
sainét Pierre, si a grande peine le iufte sera
sauué, quelle asseurance pour l'impie & le
meschant ? Noftre Seigneur dit luy-mesme
qu'il y aura peu d'Esleus pour la beatitude,
mais quand bien il n'y en auroit qu'vn seul
qui deuft eftre damné depuis Adam iufqu'au
dernier homme, ne sçachant qui seroit ce
malheureux, chacun ne deuroit il pas appre-
hender & craindre d'eftre celuy-là, & tafcher
de s'en preseruer en bien faisant. Ainsi tous
les Apoftres apprehendoient lors que noftre
Seigneur leur dit, qu'vn d'entr'eux le trahi-
roit, sans le nommer, combien donc auons
nous sujet de craindre, puis que non seulement vn, mais la plus grande part des hommes doiuent eftre damnez, & que le nombre
de ceux qui seront sauuez fera petit au regard
de.

Ioel. 1.
c. 11.
Matt. 3.
b. 8.

1. Petr. 4.
d. 18.
Matt. 20.
b. 16.

Matt. 26.
b. 21. 22.

de celuy des autres? Quoy donc pecheurs, qui *Bed lib. 4.*
demeurez toufiours dans le vice fans aucune *c. 54.*
apprehenfion, penferiez vous bien que Dieu *Homil. in*
excluë du Paradis ceux qui vinent bien, & *Luc. 11.*
qui s'abftiennent de peché, pour y receuoir
les impies, les fuperbes, les blafphemateurs,
les auaricieux, les enuieux, les haineurs, les
luxurieux, les débauchez, les vfuriers, les fe-
dicieux, les meurtriers, les gourmands, les
yurongnes, les médifans, fes detracteurs, les
trompeurs, les parjures, les voleurs, & autres telles manieres de gens refractaires aux
loix diuines? Non, non, ne vous y trompez *1. Cor. 6.*
pas, dit fainct Paul, le Royaume des Cieux *b. 9.*
n'eft point pour ceux-cy, s'ils ne s'amendent,
& ne font bonne penitence. Dieu eft iufte, *2. Cor. 9.*
qui ne donnera le Ciel qu'à ceux qui l'auront *b. 6.*
merité, & l'enfer aux pecheurs opiniaftres. *Mais. 16.*
d. 27.

Pour fe refoudre à fuir le mal & faire le
bien. §. 20.

ADuifez donc pauures pecheurs ce que
vous deuez faire, la bonté de Dieu ne
veut pas voftre perte, mais auffi fa iuftice & *Ezech. 33.*
fon ire qui la fuit de pres vous punira en bref, *c. 11.*
fi vous ne vous corrigez. Courage, il n'y a *Pf. 2 b. 5.*
qu'vne bonne refolution à prendre. Quittez *Eccli. 5.*
le peché & les occafions de pecher, comme *b. 7.*
les mauuaifes compagnies auec lefquelles
vous vous peruertiffez, & penfez que ce qui *Iob. 10.*
vous attire à offencer Dieu ne vous retirera *b. 7.*

pas de l'enfer quand vous y ferez. Grillez fur
ces brafiers & charbons ardens, vous aurez
beau crier & lamenter, il faudra là demeurer
à perpetuité, & perfonne ne viendra à vous,
finon les demons cruels & fans pitié pour
vous tourmenter encore dauantage. Et ne
penfez pas que ce foit icy comme vne crainte
imaginaire qu'on donne aux petits enfans,
c'eft vn article de foy qu'il y a vn enfer, pour
ainfi punir les mefchans, auffi bien qu'vn Paradis pour recompenfer les bons, & qui ne le
croira, l'experimentera infailliblement, car
qui ne croit, y eft defia iugé, dit Iefus Chrift
luy-mefme, & donne parole que tout y eft
remply de pleurs, gemiffemens & grincemés
de dents, ce qui dénote l'enormité des tourmens qu'on y fouffre. Mais quand ce ne feroit qu'vne fimple colique ou vn mal de déts,
qui n'eft rien en effect en comparaifon, qui
feroit le fol & incenfé qui le voudroit endurer fans fin & fans relafche ?

Sap. 5. a.
6 7. &c.

Matt. 25.
d 41. 46.

Ioan. 3.
c. 18.

Matt. 8.
b. 12.

Danger de differer.   §. 21.

Lors que quelqu'vn d'vne compagnie a
apperceu que le baftiment dans lequel ils
font va tôber fur eux, & s'enfuit tout effrayé,
pour fe fauue aduertiffant les autres du danger, tous le fuiuent auffi-toft en ce mefme
fentiment, fans aucune enquefte, quoy qu'ils
n'ayent rien veu crouler, & fi quelqu'vn pour
n'y adioufter pas affez de foy, eft tant foy peu

negligent de sortir pour euiter le mal comme
les autres, tout renuerse sur luy. Suiuez donc
Lerien de pres, lequel dans son espouuente-
ment vous aduertit en fuyant du peril émi-
nent qui vous menasse. Quittez incontinent   Matt. 25.
le vice, & courrez viste à la vertu pour vous   a. 13.
sauuer, sans differer que vous ne soyez sur-   Eccli. 5.
pris par vne mort subite, qui fera choir la   b. 8.
malediction eternelle de Dieu sur vous. Mais
quoy que c'en soit, quand vous seriez asseurez de viure aussi long-temps qu'vn Nestor,
ce qui n'est pas, faut-il ainsi auec tant de preiudice, qu'apporte le peché, passer le temps,
chasque moment duquel bien employé pour
Dieu en son amour & seruice auec perseue-   2. Cor. 4.
rance, nous acquiert pour toute eternité ce   d. 17.
qui surpasse mille & millions de fois tous les
plaisirs, honneurs, biens & contentemens de
cette vie tous ensemble? O que S. Phalier a
esté bien mieux aduisé, lequel a si bien passé
toute sa vie à seruir Dieu! Donc à son imita-
tion, quiconque se tient ainsi debout, s'il y en   1. Cor. 10.
a, qu'il se garde de tomber. Il est bien plus   c. 12.
facile de se conseruer, que de se retirer du
vice, quand vne fois on s'y est laissé embour-
ber, car la mauuaise habitude & l'horreur de
la penitence & satisfaction retiennent tellement le pecheur dans son mal, tesmoin sainct
Augustin, que c'est vn grand miracle quand
il s'en retire, c'est pourquoy les Anges en font
feste au Ciel. Neantmoins quelque difficulté   Luc. 15. b.
qu'il y ait, il est necessaire de rompre ce lien   7. 10.
pour eschapper & se sauuer, car, comme dit   Isa. 58 b.
                                                  6. c. 9.

O ij

S. Aug.
ferm. 2.
de Ascenf.
Domini.
le mefme fainct Auguftin, la fuperbe ne mó-
te point auec Iefus-Chrift, ny l'auarice, ny la
luxure, ny aucun autre vice.

Mais telles perfonnes qui font ainfi rete-
nuës dans de mauuaifes habitudes, ont accou-
ftumé de dire en fe flattant, qu'il ne faut qu'vn
bon peccaui. Ils difent bien, mais la queftion
eft s'ils le pourrót dire, ou s'il fera bon, apres
auoir ainfi abufé de la bonté de Dieu qui les
a toufiours attendu à penitence, & fi fa iuftice
qui requiert auffi fon droiɛt leur donnera la

Pf. 10. b. 8. grace & le temps de le faire comme il faut,
car ce n'eft pas le tout de le prononcer, &
Dieu declare dans les prouerbes de Salomon,

Prou. 1. e. que tout de mefme qu'ils ont fait la fourde
24. & c. oreille aux bonnes inftructions & infpiratiós
qu'ils ont eu de fa part, ainfi il fe rira d'eux, ne

Pf. 2. a. 4. voulant pas efcouter leurs prieres. Ce qui
fait dire à vn Sainct, que de cent qui attendét
ainfi l'article de la mort, quand ils n'en peuuent plus, à grande peine il y en a vn feul qui
foit fauué, dont il en donne de praignantes
raifons, qui feroient trop longues à defduire

Gal. 6. a. 1. icy. Mais vous qui eftes fpirituels, comme
Matt. 15. dit fainct Paul, & qui auez receu de Dieu
b. 15. quelque particulier talent à faire valoir, prenez compaffion de ces pauures ignorans, &
les inftruifez en efprit de douceur & de charité, leurs preftans la main & fecours pour
tafcher de les retirer de la gueule de l'enfer, à
l'imitation de fainct Phalier, lequel en a retiré
Lerien & tant d'autres qu'il a rencontrez dãs
le peril. Il n'y a point d'œuures meritoires

comme celle-là, pour laquelle exercer le fils de Dieu luy mesme est descendu du Ciel en terre, cherchant par tout cette brebis esgaree pour la porter sur ses espaules dans la bergerie Angelique.

Luc. 15.
a. 4.
Matt. 9.
b. 13.
Ioan. 4.
a. 5.
Luc. 15.
A. 2.

La bonté de Dieu à recevoir les pecheurs convertis. §. 22.

SVs donc pauures brebis, courez à ce Pasteur, voylà le loup infernal, qui vous talonne, n'attendez pas qu'il vous tienne en sa gueulle. Ame pecheresses, fuyez soudain à ce Sauueur, pendant qu'ils vous tend les bras, pour vous receuoir à mercy comme la Magdeleine & le bon larron, dont celle-là a satisfait à la peine deuë à ses pechez par son grand amour, & par vne rude penitence, qu'elle a embrassee d'elle-mesme, & celuycy par sa grande & viue foy, recognoissant son Dieu attaché comme luy à vn gibet, & par le tourment du supplice qu'il a enduré volontairement pour ses pechez, disant à son compagnon, qu'ils auoient tous deux bien merité cela pour tascher de le conuertir, mais le malheureux n'y a point voulu entendre, c'est pourquoy il est reprouué, quoy qu'il n'ait pas laissé d'endurer le mesme supplice que l'autre a enduré, qui luy a esté le commencement de son enfer, au lieu qu'il a seruy à l'autre de satisfaction pour la peine de ses pechez, ce qui fait voir comme rien ne satis-

Luc. 7. f.
37. 23. f. 43
Matt. 25.
b. 11. 23.
Luc. 12. e.
37.

Luc. 23.
f. 41.

Isai. 58.
a. 3.

Pf. 108.
a. 7.

Rom. 8.
c. 28.

Isa. 55.
b. 6.

fait & ne profite à salut, si on n'est bien auec Dieu, au contraire les prieres mesmes sont reputees à peché. Aux bons tout vient à bien pour le Ciel, dit sainct Paul, aux meschans rien ne profite. Donc cherchez Dieu, comme dit le Prophete Isaïe pendant qu'il se peut trouuer. Inuoquez-le tandis qu'il est proche. Que l'impie quitte sa vie deprauee, & l'homme inique ses mauuaises pensees, & retourne à Dieu, qui luy fera misericorde, d'autant qu'il est grandement porté & enclin à pardonner quand on reuient à luy comme l'en-

Luc. 15.
d. 18.

fant prodigue auec vn regret de l'auoir offencé, & par vn vray & entier amendement de vie. Voyez le danger où vous estes à tout moment, & ce que vous perdez en vous tenant

1. Cor. 9.
d. 24.

si long temps en mauuaise conscience, courez vitte pour en attrapper quelque chose en satisfaisant à vostre mauuaise vie passee, & gardez de laisser tout eschapper en vn moment inopiné.

Des œuures de Charité.   §. 23.

LEs riches ont les aumosnes & autres œuures de charité, qui sont grandement meritoires & satisfactoires. Donnez l'aumosne,

Luc. 11.
J. 41.

dit nostre Seigneur, & toutes les taches de vos pechez vous seront ostees. Et le bon hõme Tobie voulant induire son fils à estre cha-

Tob. 4.
b. 11.

ritable aux pauures, luy disoit que l'aumosne deliure de tout peché & de la mort, c'est à

dire de la mort spirituelle. Auſſi Daniel con-
ſeilloit au Roy Nabuchodonoſor de racheter
ſes pechez par des aumoſnes. Mais outre ce
motif, ceux qui ont des richeſſes & les moyẽs
de faire des charitez, y ſont tellement obligez, que ſans cela il n'y a point de Paradis
pour eux, ains vne punition eternelle de leur
cruauté & immiſericorde, comme on le voit
en S. Matthieu, où il eſt dit : Retirez-vous
de moy maudits, & allez au feu eternel. I'ay
eu faim, & vous ne m'auez pas donné à manger. I'ay eu ſoif, & vous ne m'auez pas donné à boire. I'ay eſté pelerin & eſtranger, &
vous ne m'auez pas logé. I'ay eſté nud &
vous ne m'auez pas veſtu ; Priſonnier & malade, vous ne m'auez pas viſité. Et tout ce
que vous n'auez pas fait aux moindres de ceux
qui auoient beſoin de voſtre aſſiſtance, c'eſt
à moy à qui vous auez manqué de le faire. Et
ſi on eſt obligé aux œuures corporelles, combien à plus forte raiſon aux ſpirituelles, qui
ſont pour l'ame, laquelle eſt bien plus noble
que le corps : comme de conſoler, conſeiller,
pacifier, inſtruire, admoneſter, corriger, ſi
on en a le pouuoir & l'authorité: Et ſi chacun
y eſt obligé, ſelon qu'il eſt dit dans l'Eccle-
ſiaſtique, que Dieu a recommandé à tous &
à vn chacun le ſoin du prochain, ceux qui le
doiuent par quelque charge ou office particulier, ont bien ſujet d'y prendre garde pour
en rendre bon compte deuant Dieu qui leur
ſoit profitable, ſelon ce qui eſt dans Ezechiel:
*Quoniam iudicium duriſſimum his qui præſunt
fiet potentes autem potenter tormenta patientur.*

Daniel 4.
c. 24.

Iac. 2.
c. 36. &
17. & 5.
verſ. 1. 2.
3. 4.
Matt. 25.
d. 41.

Eccli. 17.
b. 12.

Ezech. 3.
c. 18. 19.

Vn bien-fait n'est pas l'obligation d'vn au-
tre.　§. 24.

Matt. 5.
c. 18.

MAis notez que ces œuures de charité &
de misericorde n'empeschẽt pas qu'on
ne soit aussi tenu & obligé d'obseruer tout ce
qui d'ailleurs est commandé, & de la mesme
sorte qu'il est specifié : Par exemple, il vous
est commandé de ieusner. Si vous le pouuez,
il le faut faire, & vous n'en estes pas quitte,
pour donner l'aumosne, ou faire autres charitez, car alors vostre aumosne n'est pas
agreable à Dieu en desobeissant à sa loix, ou
aux ordonnances de son Eglise, & partant il
faut satisfaire par la penitence, car nostre Sei-

Luc. 11.
f. 42.

gneur vous apprẽd luy-mesme en S. Luc, que
pour operer vn bien, il ne faut point obmet-
tre l'autre. Quoy que cette aumosne estant
faite pour l'amour de Dieu, vous peut dispo-
ser à la grace, mais vous ne la receurez pas, si
vous ne faites ce que vous deuez. De plus les

S. Leo.
serm. 1. de
Ieiu. deci-
mi mensis
& colle-
ctis.

Saincts vous conseillent tous, (à ce que vostre ieusne ne se fasse point par auarice, &
pour espargner,) de donner aux pauures le
surplus de ce que vous despenseriez, si vous
ne ieusniez pas, donc il faut faire l'vn & l'autre.

Mais dites-moy de grace, si vous auiez vn
seruiteur qui ne voulut faire qu'vne partie de
ce que vous luy commanderiez, ou qui lais-
sast à faire ce que vous voudriez qu'il fit pour

faire

faire autre chofe, le trouueriez vous bon? Et
ie vous demande encore: Qui peut mieux
ieufner que celuy qui a le moyen de faire vn
repas raifonnable? Autrement tous fe pourroient exempter du ieufne, car celuy qui n'a
pas le moyen n'y eft pas obligé, & fi on pouuoit ainfi racheter le ieufne, il s'enfuiuroit
qu'on en pourroit faire de mefme, pour n'aller point à la Meffe, & ne point folemnifer les
Feftes & Dimanches, ce qui feroit vn erreur
contre la verité Catholique. Il eft bien dit :
Rachette les pechez par des aumofnes, mais *Dan. 4.*
non pas rachette les deuoirs que tu dois à *v. 24.*
Dieu & à fon Eglife, lefquels s'excufent bien,
quand on ne les peut rendre, mais ils ne fe
vendent point, fi on peut s'en acquitter. Et à
ce propos, il y en a encore, qui de peu de
chofe, voire de rien, forgeront des excufes
pour fe difpenfer, foit du ieufne ou autre ob-
feruance, mais fe difpenfer de bien faire, fi le
fujet n'eft receuable deuant Dieu, qui cognoit *Pf.7.v.10.*
tout, c'eft propremét fe difpenfer du Paradis.
Et noftre Seigneur iure par fon ferment ordi- *Luc. 14.*
naire, que pas vn de ceux-là n'aura part à fon *v.24.*
feftin, qui eft celuy des bien-heureux, comme
le falaire n'eft donné qu'à ceux qui ont tra- *Matt. 20.*
uaillé à la vigne de leur falut. *v. 8.*

P

Comme on peut faire vn bien pour vn autre.
§. 2 5.

Matt.5.a.
7.9.b.13.
Luc. 6.
e. 36.
1. Cor.13.
a. 1.

L'Aumofne, qui procede de charité, eſt donc bonne & grandemēt recommandee pour auoir la miſericorde & la grace de Dieu, & non pas pour s'exempter de bien faire au reſte. Il eſt vray que quand la faute eſt faite, & qu'il n'y a plus de retour, alors l'œuure de charité ioinĉte au Sacrement de penitence à vne tres-grande valeur pour l'expiation d'icelle, & i'entend ſeulement qu'il ne la faut pas faire à deſſein de s'exempter d'autre choſe, qui eſt d'obligation. Mais pour ce qui eſt de l'execution d'vn precepte, qu'on ne peut pas mettre en effeĉt, veu ſelon la maxime de Theologie, que perſonne n'eſt tenu à l'impoſſible, n'y eſtans pas obligez, auſſi vous n'eſtes pas aſtrinĉts à faire autre choſe au lieu, quoy que c'eſt bien fait de le faire, & il ſuffit que vous ayez la volonté d'accomplir ce qui vous eſt commandé, ſi vous pouuiez, laquelle volonté ſera reputee pour l'effet enuers Dieu, pourueu qu'il n'y ait point de feintiſe, qu'il cognoiſt auſſi bien comme nos forces & nos courages, ſçachant tout ce qui eſt en nous

Ioan. 2.
d. 27.

mieux que nous meſmes. Et notez que ie parle des preceptes, car en autre choſe, n'ayant pas le pouuoir de bien faire en vne façon, il faut auoir recours à vne autre. Par exemple, voylà vne perſonne qui deſire s'exercer à

quelque œuure de mortification pour fatis-
faire à la peine deuë à fes pechez, & endurer
quelque chofe pour Dieu, ou faire quelque
bonne œuure pour meriter, en ce cas, y eftant
impuiffante en vne maniere, elle en doit chercher vne autre pour ne point demeurer les
bras croifez en vne fi bonne affaire, & fur
tout faire des charitez, fi elle en a le moyen.
Encore fi c'eft vne penitence enjointe en la
confeffion, on ne la peut pas changer de foy-
mefme, ains par le confeffeur, luy declarant
fidelement la caufe, pour laquelle on ne peut
faire telle chofe. Mais enfin, le tout bien ob-
ferué, faut faire comme celuy, qui pour paruenir au lieu où il defire aller, voyant qu'il ne
peut par vn chemin, à caufe des eaux ou autre
empefchement en prend vn autre, & s'il s'ef-
gare, il tafche de fe remettre au bon chemin,
aduançant toufiours iufqu'à ce qu'il foit paruenu où il pretend, fans s'arrefter s'il craint
quelque danger. Et quel plus grand danger
y a-il, que celuy qui fe rencõtre dans le cours
de cette vie, laquelle eft remplie de miferes,
& ne tient qu'à vn petit filet, qui fouuent par
la violence d'vn moindre petit mal fe rompt *Iob. 14.*
tout foudain ?   *A.1.2.*

Excellence des œuures de charité.   §. 26.

PArlant donc de ceux qui font libres en
leurs deuotions, & qui defirent faire
quelque chofe de vertu & pieté outre la pra-

tique des commandemens, qu'il faut toufiour
fuppofer, veu que la charité eft la principall
1. Cor. 13. vertu, & le meilleur moyen de meriter, fan
a.1.d.13. laquelle toutes les autres vertus & bonne
œuures n'ont aucune valeur, i'exhortera
toufiours principalemét aux œuures d'icelle
comme à fecourir les pauures neceffiteux qu
le peut, & corporellement & fpirituellement
ayant efgard fur tout au falut des ames plu
qu'à la nourriture & entretien des corps, &
pour ce vifiter les pauures, les malades &
prifonniers pour les confoler, admonefter &
affifter au befoin : s'entr'ayder & fecourir le
vns les autres en l'amour de noftre Seigneur
Et tout cela dans la neceffité eft d'obligation
comme nous auons deuant dit. Mais au lieu
de cette grande punition que receuoient ceux
qui y manquent, il y a vne recompenfe qu
n'eft point moindre que la felicité eternelle
pour ceux qui s'y portent de bonne volonté
Ifa. 58. & auec affection d'amour & de charité. O
b. 7. heureux efchange, ô fortuné acquefts, pour
Matt. 10 vn morceau de pain, vn verre d'eau, & fi peu
42. d. que l'on donne aux creatures pour l'amour du
Createur, receuoir de luy ce qui vaut infiniment mieux que tous les Royaumes du monde ? Venez les bien aymez de mon pere, dit
Matt. 25 le fils de Dieu, poffedez à toute eternité le
d. 34. Royaume qui vous a efté preparé des la con-
ftitution du monde. I'ay eu faim, & vous
m'auez donné à manger. I'ay eu foif, & vous
m'auez donné à boire. I'eftois eftranger, &
vous m'auez logé. I'eftois nud, & vous m'a-

uez veſtu: Infirme & priſonnier, vous m'auez
viſité, & toute autre choſe que vous auez faite au moindre des miens, leſquels vous auez
veu en neceſſité, c'eſt à moy à qui vous l'auez
faite. Et ce qui eſt encore bien neceſſaire, *Gal. 6.*
c'eſt de ſupporter les defauts d'autruy, & par- *a. 1.*
donner les offences, car ſi nous ne pardon- *Matt. 18.*
nons, Dieu ne nous pardonnera pas : Auſſi *d. 35.*
faut il que chacun, pour bien conſeruer ſon *b. 15.*
ame, ſe garde d'offencer ſon prochain.

   Auec cela ne faut pas oublier les pauures
Egliſes & Monaſteres, où Dieu eſt ſeruy, &
donner quelque choſe pour l'ornement &
entretien des Egliſes, Chappelles & Autels
des Sainçts, auec vn ſoin que tout ſoit honne-
ſtement paré, c'eſt vn bon moyen de participer à leurs merites, & de receuoir reciproque-
ment ce qu'on deſire de Dieu à leur faueur.
Mais malheur à ceux qui au lieu de donner *Luc. 6.*
quelque choſe de leurs moyens aux Egliſes & *f. 38.*
Hoſpitaux, conſeruer ce qui leur a eſté donné, & le bien employer à ce qu'il a eſté deſtiné, le diſſipent, laiſſent perdre par leurs
fautes & negligences, ou en font ce qui ne
leur eſt pas permis au grand detriment de
leurs ames. Nous parlons de penitence &
ſatisfaction, veritablement il y en a bien icy
du ſubjet, mais laiſſons y penſer ceux qui en
peuuent auoir la conſcience chargee, & prenans congé des riches, allons auſſi chez les
pauures pour le viſiter, inſtruire & conſoler.

Aduis pour les pauures gens. §. 27.

APres auoir donné des moyens aux riches pour acquerir le Ciel, il en faut auſſi donner aux pauures, pour le conſeruer, car bien que noſtre Seigneur dit, que le Royaume des Cieux leur appartient, neantmoins c'eſt entant qu'ils ne ſeront point meſchans, & qu'ils ſe maintiendront ſelon leur pouuoir, auſſi bien que les autres dans l'obeïſſance des diuins preceptes & commandemens, car cóme ceux-là peuuent auoir le Paradis pour vn morceau de pain ou vn verre d'eau donné pour l'emour de Dieu, auſſi eux le peuuent ils perdre pour ce meſme morceau de pain, ou pour vn denier, ſe priuans de la Meſſe vn iour de Feſte ou Dimanche, pour l'aller querir ſans extreme ou vrgente neceſſité. Mais pour ce qui eſt des ieuſnes, auſteritez & mortifications, la peine & le mal que ſouffrent ces pauures gens qui ſont grandement neceſſiteux, ou qui gaignent leur vie auec grand trauail, leur pouuant ſeruir de penitence, s'ils l'endurent auec patience en ſatisfaction de leurs fautes, pourueu qu'ils ſe confeſſent bien de leurs pechez au temps qu'il faut, comme chacun doit faire, auec deſplaiſir d'auoir offencé Dieu, & ferme propos de s'en garder à l'aduenir tout au mieux qu'il leur ſera poſſible, moyennant ſa ſaincte grace, & qu'ils accompliſſent ſeulement le peu de penitence

Luc. 6.
c. 20.

Iſa. 58.
b. 7.

que le Confesseur leur aura enjoint, & au reste ce qui est de leur petit deuoir, viuans tousiours en l'amour & crainte de Dieu, sans
faire tort ou injure à personne, & se gardans
du desespoir, des murmurs & des impatiences
contre Dieu, & de tout autre peché que la
misere amene quant & soy, & qui les peut
rendre mille & millions de fois plus miserables en l'autre monde qu'ils ne sont en celuy-
cy, dans quelque mal ou misere qu'ils puis-
sent estre. Ie les conuie au nom de nostre
Seigneur Iesus-Christ, qui a beaucoup plus *Tren. 1.*
souffert pour eux, de se consoler dans l'espe- *d. 12.*
rance que leurs maux finis, au moins auec *Apo. 13.*
cette vie ils auront en l'autre vn repos plein *b. 4.*
de ioye & felicité nompareille, & d'autant
plus grande qu'ils auront enduré patiemment
pour l'amour de Dieu. Et pour encore dauã-
tage se fortifier en cette resolution dans leurs
peines & trauaux, qu'ils considerent sainct
Phalier, lequel a quitté sa noble & riche maison, où il pouuoit auoir toutes ses aises & cõtentemens pour mendier sa vie en voyageant,
se repaissant en chemins de maunes, de vinette sauuage, de prunelles, senelles, & tel
autre aliment, & enfin se contenter d'herbes
& de racines en vn vieil desert, encore auec
tant d'abstinences & de retenuë, qu'il estoit
plusieurs iours sans rien boire ny manger. Ne
beuuoit que de l'eau, couchoit sur la dure
terre, trauailloit manuellement aussi bien
qu'eux, & en grosse besongne, puis qu'il a
luy-mesme fait sa loge & sa chappelle, & il

estoit tellement occupé iour & nuict, soit
au trauail manuel, ou aux œuures de pieté &
charité, à la priere & à l'oraison, qu'il ne dor-
moit quasi point, logé dans vne petite mes-
chante cabane, faite peut-estre de ioncs & de
bouë, de sorte qu'il a beaucoup plus peiné &
& souffert volontairement, qu'ils ne souffrent
par necessité. Et si Dieu permet que plusieurs
inconueniens leurs arriuent, n'a-il pas aussi
permis que ce grand Sainct, comme vn Iob,
ait esté trauersé par l'ennemy de nature, de
terribles & furieux assauts, lors mesme qu'il
alloit luy rendre ses veux sur le Caluaire?

Iob. I.
a. 12.

Pour faire de necessité vertu. §. 28.

SAinct Phalier a fait & enduré tout ce que
nous venons de dire, & a beaucoup merité
pour cela, s'y estant porté volontairement
pour l'amour de nostre Seigneur. Ainsi de
mesme, quoy que la pauureté & souffrance
de ces pauures indigens & maneuures soit
contrainte de soy, neantmoins ils peuuét aussi
meriter comme ce Sainct, l'endurant patiemment & volontairement pour l'amour de
Dieu, en se conformant à sa saincte volonté,
ioyeux de souffrir ainsi, puis que sa diuine
Maiesté le veut, esperans en sa bonté que
c'est pour leur meilleur bien, & pour vne plus
grande asseurance de leur salut, veu que selon
le dire de nostre Sauueur mesme, il est grandement difficile & comme impossible, que
celuy

Rom. 8.
c. 28.

coluy qui a toutes ses commoditez en ce mō-
de, & abonde en richesses, se puisse sauuer. *Matt. 19.*
Dans ces considerations leur mal sera plus *c. 24.*
supportable, ils ne se porteront pas dans l'impatience, & pourront auoir la mesme recom- *Matt. 20.*
pense dans le Paradis, que ceux qui ont vo- *b. 9.*
lontairement tout quitté pour suiure nostre
Seigneur dans le chemin de perfection, fai- *Matt. 19*
sant bien leur deuoir selon Dieu en tout ce *d. 29.*
qu'ils sont tenus & obligez dans leur condition. Au moins ils y receuront autant plus de
bien & de gloire pour vn iamais, qu'ils aurōt
esté necessiteux & souffreteux en ce bas monde, où tout prend fin Qu'ils veuillent ou non,
faut qu'ils souffrent, puis qu'ils sont dans la
misere, & n'en auront pas moins de mal quād
ils seront trop impatiens, au contraire l'impatience rend l'affliction plus grande, & fait
tout perdre le merite quand elle emporte les
personnes dans le maudit peché, qui destruit
la grace, & de ces maux icy fait encore tomber dans les eternels, qui est bien le pis de
tout. Au conttaire Dieu console interieure- *Ps. 90. d. 15*
ment ceux qui souffrent gayement pour l'a-
mour de luy, au moyen dequoy il rend leur
mal plus supportable, & enfin les tirant de
cette vie mortelle en l'autre, change leurs *Apo. 21.*
douleurs passageres en des ioyes qui ne fini- *b. 4.*
ront iamais. Donc qu'ils fassent leur profit de
cette necessité, puis qu'ils en peuuent tirer
vn si grand bien, duquel s'ils auoient vne entiere & parfaicte cognoissance, il n'y a point
de doute qu'ils voudroient encore beaucoup

Q

plus souffrir, pour dauātage meriter. Et qu'eſt ce qui fait les Sainⱳts principalement, ſinon la ſouffrance, quand elle eſt bien priſe, ſoit qu'elle vienne par accident, par la malice d'autruy, par maladie & autres maux de corps, perte de biens, pauureté, mortification, ou en quelqu'autre maniere qui puiſſe eſtre? Et pour eſtre bien-heureux en l'autre vie, il eſt neceſſaire d'endurer en celle cy, puis qu'il faut entrer au Royaume des Cieux par pluſieurs tribulations. Le mauuais riche a-il pas eſté damné pour auoir eu trop ſes aiſes & cõtentemens en ce monde, & au contraire le pauure Lazare mis au ſein d'Abraham pour y auoir eu des maux? Ce que chacun doit bien conſiderer, celuy qui ſouffre, pour ſe reſioüir en Dieu dans ſa ſouffrance, & principalemēt celuy qui a trop ſes aiſes en ce monde, afin au moins que rien de ce peu qui luy eſt ordonné dans les Commandemens de Dieu & de l'Egliſe ne luy faſſe mal au cœur, veu meſme qu'il luy ſeroit bien expedient de faire plus, pour ne rien laiſſer à payer en l'autre vie, où tout ſe peſe aux poids de l'or. Sainⱳt Phalier, lequel tout innocent qu'il eſtoit, a fait ce que deuroit faire vn grand pecheur, facilitera l'accez à vn chacun à faire ce qu'il doit, autrement il ſera noſtre iuge, & ſa vie nous condamnera. Suiuons le donc auec Lerien ſelon ces aduertiſſemens, & nous nous en trouuerons bien. Mais il y faut auſſi implorer ſon aſſiſtance, & pour ſalutairement impetrer ce que nous deſirons par ſon moyen & à ſa fa-

Matt. 5.
a. 10.

Iac. 1.
b. 12.
Act. 14.
d. 21.

Luc. 16.
q. 25.

Matt. 5.
d. 26.

Matt. 19.
d. 28.
Sap. 4.
d. 16.

ueur, voyons comme nous le deuons inuoquer.

Comme il faut inuoquer sainct Phalier, &
les autres Saincts & Sainctes pour estre
heureusement exaucé. §. 29.

VOus auez veu le pouuoir de ce grand
seruiteur de Dieu, le glorieux Sainct
Phalier, & comme il obtient par son merite
& ses prieres la santé corporelle & spirituelle.
Mais si vous voulez auoir recours à son assistance, remarquez que Lerien n'a point eu
celle du corps, qu'en suitte de celle de l'ame,
pour vous aduertir que si vous desirez auoir le
secours des Saincts en vos infirmitez & afflictions, vous deuez auoir soin premierement,
& sur tout de rechercher à estre bien d'esprit
auec Dieu. Sans cela Sainct Phalier ny autre
Sainct ou Saincte ne feroit estat de prier Dieu
pour vous, sçachant bien que voulant qu'on
cherche premieremét le Royaume des Cieux   *Matt. 6.*
& sa iustice, c'est à dire la droicte conscience,   *d. 33.*
il ne l'exauceroit pas, où s'il l'exauçoit à cause de vostre importunité, ce ne seroit pas vostre bien non plus qu'aux enfans d'Israel, qui
sentirent tomber l'ire de Dieu sur eux aussi-   *Ps. 77. d.*
tost qu'ils eurent receu ce qu'ils demandoient   *30. 31.*
auec vne indiscrette importunité, car les maux
& afflictions que nous auons en ce monde,
nous acheminent à Dieu, & au contraire la
trop grande prosperité nous en destourne.

gneur mon Dieu, dit le Prophete Royal
Dauid en vn de ses Pseaumes. Remplissez
leurs faces d'ignominie, c'est à dire, enuoyez
leur bien des afflictions, & lors ils chercherōt
vostre nom, & obeïront à vos sainctes loix.
Voylà comme les Saincts prieront pour vous
si vous n'estes bons, & si vous n'auez vn bon
desir de vous amender. Donc si vous auez du
mal, prenez garde premierement d'où en
peut venir la cause, & corrigez vos defauts.
Autrement que vous seruiroit la santé corporelle, & tous les plaisirs & contentemens de
cette vie, qui dure si peu, si vous allez incontinent apres tomber dans vne maladie & misere telle, que les miserables damnez souffrent, d'où vous ne releueriez iamais ? Nous
aurions tousiours cela (diront les libertins
mal aduisez) & qui a vne heure de bon tēps
ne l'a pas tousiours mauuais. Voylà bien ar-
gumenter pauures gens. Mais demandez au
mauuais riche, si pour toutes les bonnes che-
res qu'il a faites, les prosperitez, plaisirs &
contentemens qu'il a eu en ce monde, il en
ressent quelque allegement dans l'ardeur de
ces flammes eternelles, où il est maintenant.
Il vous respondra que tant s'en faut, qu'au
contraire tant plus il a eu ses plaisirs, tant plus
aussi est-il là tourmenté, & voudroit auoir
esté toute sa vie le plus miserable & infortu-
né, auec des douleurs & tourmens les plus
cruels, qu'on se pourroit imaginer pour n'e-
stre point où il est. Et vous mesmes à l'heure
que vous endurez de griefues douleurs, quand

ce ne seroit qu'au bout du petit doigt toute
l'aise & la prosperité & santé que vous auez
eu iusqu'alors, vous empesche elle d'en res-
sentir la moindre partie, quoy que ce n'est
rien au regard des peines d'enfer ? encore
auez vous esperance que le mal finira tost ou
tard, ce qui vous peut apporter quelque sou-
las, mais là bas point du tout, voyez donc
comme le salut de l'ame est à rechercher plustost que la santé du corps.

Disposition à la priere pour estre efficace.
§. 30.

Q Voy que Dieu enuoye les maux & af-   *Sap.* 3.
flictions aussi bien, voire quelque fois   *a.* 6.
plustost à ses plus fideles seruiteurs qu'à d'au-   *Tob.* 1.
tres pour les esprouuer & affiner comme l'or   *c.* 11.
dans la fournaise, les exercer dans la patien-   *Tob.* 2.
ce, & enfin leur faire meriter dauantage de   *b.* 10.
gloire pour le Ciel, veu neantmoins que cela   2. *Cor.* 4.
arriue aussi le plus souuent pour chastiment &   *d.* 17.
punition des offences commises, il est expe-   *Num.* 11.
dient, quãd vous allez en deuotion à quelque   *a.* 1. 21.
Sainct, pour obtenir de Dieu en sa faueur   *b.* 6.
quelque grace & benefice de la santé pour   *Ps.* 105.
vous ou pour ceux qui vous appartiennent, de   *f.* 40.
regarder si quelque peché que vous auez cõ-   2. *Reg.* 24.
mis ou laissé commettre à ceux qui sont en   *f.* 15.
vostre charge n'est point la cause du mal dont   1. *Reg.* 3.
vous recherchez la guarison, afin de l'oster   *b.* 11.
ou faire oster premierement par le Sacrement

de penitence, satisfaction & amendement de
vie, laquelle cause estant ostee, comme il faut,
l'effect d'icelle vous sera pareillement osté.
Secoüez vne bluette ou vn charbon de feu de
dessus de vostre peau, il cessera de vous brus-
ler. Quoy qu'il en soit, pour se rendre digne
de receuoir ce que l'on demande, & afin que
la priere que l'on fait à Dieu & au Sainct soit
efficace, tant pour la santé du corps, que pour
le salut de l'ame, qu'il faut rechercher sur
toute chose, le principal est de faire vne entiere & vallable confession de tous ses pechez
auec vne vraye contrition & vn ferme propos
de bien seruir Dieu,& ne plus l'offencer selon
son possible,& ainsi communier deuotement.
Puis faire humblement sa demande auec foy
par les merites du Sainct que l'on reclame,
comme grand amy de Dieu qui a beaucoup de
pouuoir enuers sa diuine Maiesté, à cause de
ses singulieres & excellentes vertus, & ainsi
perseuerer auec confiance en la bōté de Dieu,
esperant ce bien du moyen de cette faueur, en
sorte toutesfois, que si nonobstant cette bō-
ne disposition vous n'obtenez pas la santé &
guarison corporelle que vous desirez, vous
ne vous desconfortiez pas, ains vous pensiez
que cela ne vous est pas expedient pour vostre bien principal, ou de ceux pour qui vous
la demandez, prenans patience, en consideration de celuy qui pour l'amour de vous a souffert vne mort & passion tres-amere, & a esté
luy-mesme esconduit de Dieu son pere en la
priere qu'il luy fit auparauant, demendan

1. Pet.
d,11.
Matt. 26.
d. 41.

que ce Calice passast de luy. Et sainct Paul
demandant auec instance estre deliuré d'vn
mal qui le tourmentoit, entendit cette voix
de nostre Seigneur: Paul, que ma grace te
suffise. O que c'est bien assez aussi, & sans ce
bien, ce n'est rien que d'auoir toute autre
chose. C'est pourquoy, puis que la vertu qui
le conserue, se parfait dans l'infirmité, quoy
que nous demandions à Dieu, nous deuons
tousiours remettre le tout entre les mains de
sa diuine prouidence, luy disans comme nostre Seigneur: Que vostre volonté se fasse, &
ne vouloir autre chose que ce qu'il cognoist
nous estre meilleur, autrement seroit faire
plus d'estat de la santé du corps, que du salut
de l'ame, & par ainsi on ne meriteroit ny l'vn
ny l'autre.

2. Cor. 12.
b. 9.

Tob 4.
d. 23.
Matt. 16:
d. 26.

La priere bien faite a tousiours vn bon ef-
fect.   §. 31.

LES Saincts qui nous ayment de telle sorte,
qu'ils ne desirent rien plus que de nous
voir auec eux iouyr du mesme bon-heur dont
ils iouyssant là haut au Ciel, se garderont bien
de nous vouloir oster les moyens qui nous y
seruent, ie veux dire les maux & calamitez de
cette vie, lors qu'elles sont necessaires à nostre salut. Et ne voudroient pas mesme procu-
rer vn bien temporel, quel qu'il fut, aux Esleus, qui pour cela en auroient moins de profit pour la gloire, d'autant que seroit leur fai-

re vn grandiſſime tort, quoy qu'ils ne le cõgnoiſſent ou conſiderent pas, car ſelon ſainct Paul, qui a veu les merueilles du Paradis dans ſon rauiſſement, ce que nous endurons de tribulation en cette vie, qui eſt fort leger, & dure bien peu en comparaiſon de ce qui eſt en l'autre, opere neantmoins en nous par deſſus tout ce qui ſe peut dire de ſublime vn poids eternel de gloire. Nous ne voyons goutte à cela, mais ceux qui ſont dans la beatitude le voyent clairemẽt, & tel qui n'a pas eſté exaucé pour quelque infirmité ou affliction, cõgnoiſt que s'il en euſt eſté deliuré, il ſe fut damné par tel ou tel moyen, que le mal a empeſché, ou bien il n'euſt pas eſté en vn ſi haut degré de gloire qu'il eſt, dont la moindre parcelle eſt infiniment plus grande que tous les plaiſirs, honneurs & contentemens enſemble, qu'on peut auoir icy bas, car du finy à l'infiny il n'y a point de proportion, c'eſt pourquoy il louë inceſſamment la bonté diuine de ne l'auoir pas exaucé pour ce ſujet, au lieu qu'en ce monde il s'en attriſtoit, comme nous pauures aueuglez que nous ſommes. Mais les Sainéts bien aduiſez, le preuoyans dés cette vie mortelle, quoy que par leurs prieres enuers Dieu, ils ayent procuré la ſanté corporelle des autres, en eſtans importunez, ils n'ont point eu de ſoucy de la leur propre, ains ont pluſtoſt procuré ou deſiré le contraire, pour ſouffrir & endurer, comme on le voit ſouuent en la lecture de leurs vies. Ce que Sainét Phalier a bien fait paroiſtre, faiſant vne

infinité

1. Cor. 11.
b. 4. d. 17.

S. Auguſt.
hic vre,
hic caca.
S. Paul.
1. Cor. 11.
c. 9.

infinité de miracles pour la santé & prosperité
de ceux qui le venoient importuner pour cela,
& luy-mesme traictant son corps auec tant
de rigueur & d'austerité, que c'est encore vn
grand miracle, qu'il ait tant vescu que dit sa
legende. Aussi pour aller à la gloire auec nostre Seigneur, il faut que nous portions nostre *Matt. 16.*
croix apres luy, prise de nous-mesmes, ou *d. 24.*
telle qu'il luy plaira nous mettre sur les espaules. C'est pourquoy en ces recherches de
prosperité temporelle il y a plus de sujet de se
resioüyr que de s'attrister, quand on n'y est
pas escouté, pourueu seulement que l'ame soit *Rom. 8.*
en bon poinct, croyez que tout va bien pour *c. 28.*
vous, & que si vous n'estes pas exaucez, pour
ce que vous demandez, vous l'estes pour vne
chose meilleure, car les prieres ne demeurent
iamais sans leur effect, quand elles sont bien
faites, auec vne vraye & entiere resignation
au bon plaisir de Dieu, lequel sçait bien ce
qui nous est le plus vtile & profitable. Mais
nous sommes comme celuy, lequel demande
qu'on luy oste vn medicament qui le guarit, ne
pouuant supporter vn peu de douleur qu'il
luy fait en son operation, & Dieu comme fidel & expert Medecin souuentefois ne con-
sent pas qu'il soit osté, nous accordant plus
de bien en ce refus que nous ne demandions,
ou bien s'il exauce nos importunitez en ce
cas, c'est qu'il preuoit que nostre mal est in-
curable, & que l'affliction ne nous profite
pas, ce qui est signe d'vn grand malheur pour
nous.

R

Dieu veut qu'on ait recours au merite des Saincts. §. 32.

NE pensez pas pour ce qui vient d'estre allegué, que ie vueille dire qu'il ne faille rechercher la santé corporelle, veu que les remedes sont creez & ordonnez de Dieu pour cela, & s'ils nous manquent, qu'on ne doiue aussi auoir recours aux Saincts, sçachant bien que ce souuerain Roy du Ciel & de la terre, qui les ayme comme ses fauoris, bien mieux que le Roy Assuerus veut qu'on leur face cet honneur, dont il tire soy-mesme de la gloire, se faisant paroistre merueilleux en iceux, pour gratifier ceux qui les inuoquent & honorent, d'où vient qu'on fait tant de pelerinages pour aller visiter leurs sepulchres, & auoir le bien de toucher les sacrez déposts de leurs sainctes Reliques, où se font quantité de miracles, qui monstrent que Dieu agree cette deuotion. Et si nostre Seigneur disoit de l'aueugle nay, que ce n'estoit point pour sa faute, ny de ses parens qu'il estoit nay tel, ains seulement afin que la gloire de Dieu fut manifestee en luy. Ne pouuons nous pas aussi inferer de là que Dieu permet quelquesfois qu'il arriue des infirmitez aux personnes, pour faire voir l'amour qu'il porte à ses Saincts, en donnant la santé à ceux qui les viennent reclamer pour ce sujet, soit que le mal leur arriue par leurs fautes ou non? Mais quoy qu'il en soit, il faut

touſiours penſer à ſa conſcience, & viſer au
principal bien, qui eſt le ſalut de l'ame, & ſi
vous obtenez la ſanté corporelle, faire que
celle de l'ame l'accompagne & marche la premiere, comme de ceux que noſtre Seigneur
guariſſoit, auſquels il diſoit, que leurs pechez
eſtoient remis & pardonnez, voyant leur
bonne diſpoſition, & qu'ils ſe gardaſſent bien
d'y retomber, de peur qu'il ne leur arriuaſt *Matt. 9,*
pis, qui eſt d'encourir la punition eternelle. *a 2.*
C'eſt pourquoy il faut touſiours eſtre en ſoucy *Luc. 5.*
de la bonne conſcience, & auec cela ne point *d. 20.*
manquer à bien rendre graces à Dieu & au *Ioan. 5.*
Sainct, le teſmoignant exterieurement par *c. 14.*
quelque offrande & oblation, ſelon qu'on en
a le moyen, pour ſe garder de l'ingratitude des
epreux que noſtre Sauueur guarit, & de toute *Luc. 7. a.*
autre meſcognoiſſance, dont la pire eſt de n'en *17. 18.*
pas mieux ſeruir Dieu à l'aduenir. Donc nous
faut auoir recours aux Saincts, mais principalement pour eſtre aydez par leurs prieres, & à
l'imitation de leur vie exemplaire à ſuiure noſtre Seigneur dans le chemin qu'il nous a
trayé, au bout duquel nous trouuerons vne
parfaite & entiere proſperité & ſanté, qui ſera *Matt. 19,*
infaillible & durera eternellement. *b. 17.*

Concluſion de tout.   §. 33.

Veu, donc que tout ce qui eſt de ce monde eſt fort peu de choſe, & doit auoir vne

<table>
<tr><td>

Eccle. 2.
c. 11.
Sap. 5.
c. 6.
Colof 3.
a. 1. 2.

Matt.) 11.
a. 30.

Pfal. 15.
a. 17. 18.

Jac. 1. c 15.
1. Cor 15.
q. 56.
Eccli. 38.
a. 1.

Pf. 48.
d. 19.

</td><td>

fin, & qu'il n'y a rien en l'autre qui ne foit d'vn prix exceffif & perdurable, ne recherchez pas tant Sainct Phalier, ny autre Sainct ou Saincte, comme Medecin des corps, car c'eft trop peu, que comme Medecin des ames, & penfez que pour auoir la fanté, il faut cooperer fuiuant l'ordonnance qu'il vous donne par l'exemple de fa faincte vie, fuir les defbauches & les exceds, s'abftenir de tout ce qui eft contraire à la fanté de l'ame, & generalement faire tout ce qui eft neceffaire pour la recouurer & conferuer, auallant la medecine, quoy qu'amere & difficile. Mais fi vous aymez bien Dieu & le falut de voftre ame, vous ne trouuerez rien fafcheux ny difficile, au côtraire tout vous fera grandement doux & facile. Autrement qu'y fera le Medecin tant bon & expert foit-il, & Dieu mefme, lequel vous a donné voftre liberal arbitre, fi contre ce qu'il vous a ordonné pour voftre fanté fpirituelle, vous venez à prendre ce qui vous caufe la maladie de l'ame, & la mort eternelle? Honorez donc le Medecin, fuiuans bien fon ordonnance, feruez bien Dieu practiquant le bien, & vous abitenant de mal faire. Honorez Sainct Phalier imitans fes vertus. Honorez le dis-ie, ainfi, tout le temps de voftre vie, non feulement à caufe de la neceffité que vous auez de fon affiftance, & qu'il vous peut impetrer & obtenir par fon moyen la fanté & autres graces & faueurs du Ciel, car vous auriez toufiours befoin de nouuelles neceffitez & afflictions pour vous y porter, mais fans regar-

</td></tr>
</table>

der à voftre intereft particulier, honorez-le
principalement & fur tout, parce qu'il a efté
durant toute fa vie vn des plus grands feruiteurs de Dieu & qu il eft maintenant au rang
de fes plus fauoris dans le Ciel. C'eft le vray
moyen le meriter à fa faueur vne perpetuelle
conferuation Vous particulierement, qui
auez le bien de l'auoir pour Patron. Mais vous
fur tout, Meffieurs & habitans de Chabrys,
honorez ce grand Sainct, vifitans fouuent fa
petite chapelle & fon fepulchre, & ayez y
fouuenance en vos prieres de voftre pauure &
chetif compatriotte mort ou vif, abfent de
corps efcriuant ces chofes, mais toufiours prefent d'affection pour vous en noftre Seigneur,
au nom duquel ie vous prie de confiderer de
qui ce Sainct iera honoré & veneré, finon de
ceux qui par vne grace particuliere cognoif-
fent & experimentent fur toutes autres la grã-
deur & efficace de fes vertus & merites, laquelle vous experimenterez encore de plus en
plus à mefure que vous en ferez de l'eftat, &
tafcherez d'y profiter. Et ie vous affeure bien
que le plus grand honneur que vous luy puif-
fiez rendre, & qui luy eft feul agreable de voftre part, c'eft d'aymer Dieu & voftre falut
comme luy, & de le fuiure iufques dans le
Ciel auec Lerien, lequel y a fi bien fceu faire
fa fortune, qu'il experimente pour vn iamais,
combien eft heureufe & aduantageufe la rencontre & la fuitte d'vn tel perfonnage, qui eft
bien autre que celle des Alexandres & des Ce-
fars. Ainfi vous en arriuera-il, fi vous en faites

Gen. 11.
a. 1.

auſſi bien voſtre profit comme luy. Dieu nous en faſſe à tous la grace par les merites de ſon Sainct, pour loüer & benir enſemble auec luy ſon eternelle & immenſe bonté & Majeſté. Et pour cette fin principalement chacun pourra dire deuotement cette briefue oraiſon, ou autres ſuffrages.

Grand Sainct Phalier amy de Dieu,
Qui viuez au Louure celeſte,
Iettez les yeux en ce bas lieu
Sur la douleur qui nous moleſte,
Et employez voſtre faueur
Vers Ieſus-Chriſt noſtre Saueur,
Que de nos maux il nous guariſſe,
Et nous mene au port de ſalut,
Puis que pour nous il ſe voulut
Donner ſoy-meſme en ſacrifice. Ainſi ſoit-il.

Hymnes de Sainct Phalier.

Pour Veſpres.

Iste Confeſſor Phaletrus beatus,
Patris ex voto Domino ſacratus,
Hac die felix meruit Polorum
    Scandere regna.

Hac die felix meruit ſupremos } Pour la Feſte
    Laudis honores. } d'Eſté.

Integer vitæ, ſceleriſque purus,
Liber euaſit ſatanæ ſagittas,
Inſuper mundi malè blandientis
    Spreuit honores.

Vnde post multos Phaletrus labores,
Per vias longas maris ambulando,
Carne deuicta, meruit supernis
　　　　Ciuibus addi.
Ad sacros cuius cineres frequenter
Membra languentum macie grauata,
Vota dum soluum, cito sanitati
　　　　Restituuntur.
Inde nunc hymnum chorus iste noster
Eius in laudem canit hunc libenter,
Vt suis nobis precibus lucretur
　　　　Gaudia cæli.
Sit salus illi, decus atque virtus,
Qui super cæli solio coruscans
Totius mundi seriem gubernat
　　　　Trinus & vnus.　Amen.

PLectro chelim tuam pulsa,
　Psalle nunc Carobrya,
Voce pia, mente sancta,
Phaletri præconia,
Quis posset æquare tanta
Meritorum præmia?
　Ex vrbe Lemouicorum
Claro satus germine,
Clarior virtute morum,
Sacro lotus flumine,
Iussu patris, Clericorum
Insignitur ordine.
　Mundi spernens dignitates
Relictis parentibus
Libycas conscendit rates,

Pour Matines.

Peragratis Alpibus,
Et post multas tempestates
Sion datur sedibus.
     Ad sepulchrum Christi orans,
Voces audit animæ,
Que corpus morbo laborans
Liquerat exanime,
Phaletre te rogo plorans,
A pœnis me redime.
     Fusa prece, suscitatur
Iuuenis à funere,
Lerianus vocabatur,
Qui verbis opere
Christi seruum consectatur
Quò voluit pergere.
     Gloria & honor Deo, &c.

Pour
Laudes.

A Vras verens populares,
  Pro facto miraculo,
Spernit Phaletrus honores,
Et valde diluculo
Romám pergit per sudores
Cum suo discipulo.
     Agenorum visitauit
Sanctum Patrem Osium,
Vadiam illuminauit,
Linguæ pellens vitium,
Et grandine liberauit
Agros habitantium.
     Præsul sanctus Aruernorum
Phaletrum constituit
Numero Presbyterbrum,

Nec exinde caruit
Sanctitate meritorum,
Qua postmodum claruit.
    Adorabat sanctus iste
Ad vrsine tumulum,
Angelus & dum vitæ
Nuntiauit terminum,
Dicens ei : Surge, pete
Carobrys confinium.
    Est ad Carobrym deductus
Phaletrus ab Angelo,
Absque carnis vsu pastus,
Solo mentis pabulo,
Ibique demum sepultus,
Translatus à sæculo.
    Gloria & honor Deo, &c.

Antienne & Oraison de Sainct Phalier.

COlumen Patriæ, Aquitaniæ decus, Gallo-
rum præsidium, murus noster, cunctorum
refugium, sancte Phaletre intercede pro nobis.
℣. Ora pro nobis beate pater Phaletre.
℟. Vt digni, &c.

Oremus.

DEus qui inter cætera munificentiæ tuæ
dona, beato Phaletro confessori tuo sicca
hominum membra viuificare, & mœstos corde
consolari dedisti: concede nobis quæsimus, vt
qui eius imploramus auxilium, per ipsius pre-
ces viuificati & consolati ad cælestia gaudia
peruenire mereamur. Per Christum.

31. Augusti anni a puero Iesu 1641.
                                    S

les soient d'en imprimer ou faire imprimer, ny
vendre aucun en ce Royaume durant ledit
temps, sans le consentement dudit exposant,
en quel sorte & maniere que ce soit, à peine de
trois mil liures d'amende payable sans déport
par chacun des contreuenants, applicable vn
tiers à Nous, vn tiers à l'Hostel Dieu de Paris, & l'autre tiers audit exposant, de confisca-
tion des exemplaires contrefaits, & de tous
despens, dommages & interests, à condition
qu'il sera mis deux exemplaires dudit liure en
nostre Bibliotheque, & vn en celle de nostre
tres-cher & feal le sieur Seguier, Cheualier,
Chancelier de France auant que les exposer en
vente, à peine de nullité de ces presentes, du
contenu desquelles nous vous mandons que
vous fassiez pleinement & paisiblement l'exposant, & ceux qui auront droict de luy, sans
qui leur soit donné aucun trouble ny empeschement: Voulôs qu'en mettant au cõmence-
ment ou à la fin dudit liure vn bref extraict des
presentes, elles soient tenuës pour signifiees,
& que foy y soit adioustee, & aux coppies col-
lationnees par l'vn de nos amez & feaux Conseillers & Secretaires comme à l'Original:
Mandons aussi au premier nostre Huissier ou
Sergent sur ce requis, de faire pour l'execution
des presentes tous exploicts necessaires, sans
demander aucune permission, nonobstant op-
positions ou appellations quelconques, & sans
preiudice d'icelles Clameur de Haro, Chartre
Normande, & autres lettres à ce contraires.
Donné à Paris le 18. iour de Decembre, l'an

de grace mil six cens quarante-deux, & de
noſtre regne le trente-troiſieſme. Signé, Par
le Roy en ſon Conſeil,

LE BRVN.

F I N.

9 782329 792118